RELIURE SERREE
Absence de marges
intérieures

VALABLE POUR TOUT OU PARTIE DU
DOCUMENT REPRODUIT

ŒUVRES
DE
Alphonse Daudet

LE NABAB

I

PARIS

ALPHONSE LEMERRE, ÉDITEUR

27-31, PASSAGE CHOISEUL, 27-31

M DCCC LXXXVII

ŒUVRES

DE

Alphonse Daudet

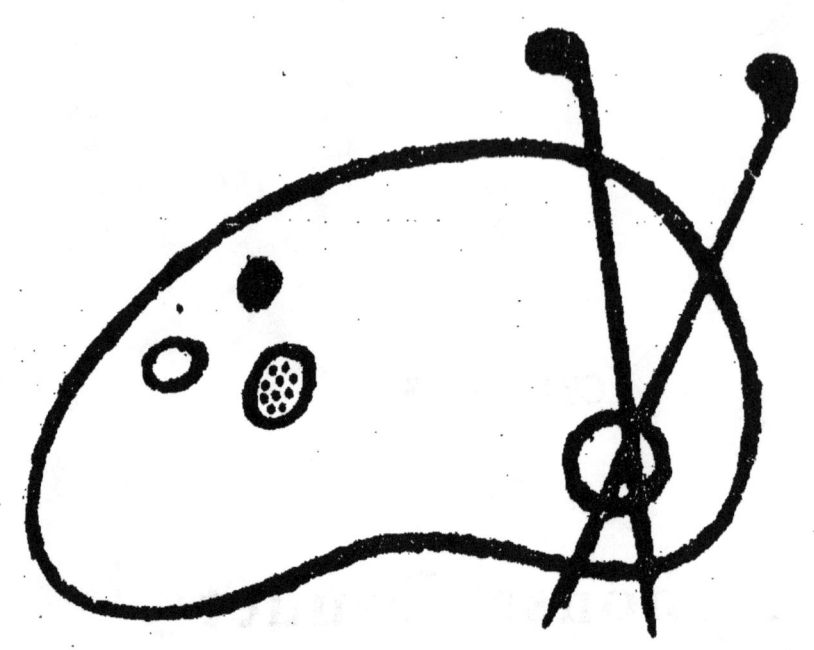

Typographie de couleur

IL A ÉTÉ TIRÉ DE CET OUVRAGE :

40 exemplaires sur papier de Chine.
40 — sur papier de Hollande.
20 — sur papier Whatman.

Tous ces exemplaires sont numérotés et paraphés par l'éditeur

OEUVRES

DE

Alphonse Daudet

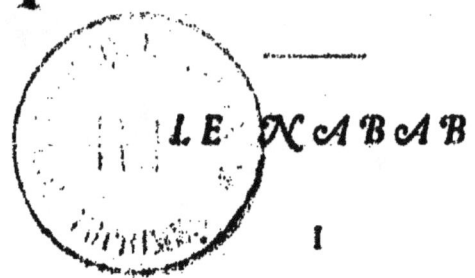

LE NABAB

I

PARIS

ALPHONSE LEMERRE, ÉDITEUR

27-31, PASSAGE CHOISEUL, 27-31

M DCCC LXXXVII

※
※ ※

Il y a cent ans, Le Sage écrivait ceci en tête de Gil Blas :

« Comme il y a des personnes qui ne sauraient lire sans faire des applications des caractères vicieux ou ridicules qu'elles trouvent dans les ouvrages, je déclare à ces lecteurs malins qu'ils auraient tort d'appliquer les portraits qui sont dans le présent livre. J'en fais un aveu public : Je ne me suis proposé que de représenter la vie des hommes telle qu'elle est... »

Toute distance gardée entre le roman de Le Sage et le mien, c'est une déclaration du même genre que j'aurais désiré mettre à la première page du Nabab, dès sa publication. Plusieurs raisons m'en ont empêché. D'abord, la peur qu'un pareil avertissement n'eût trop l'air d'être jeté en appât au public et de vouloir forcer son attention. Puis, j'étais loin de me douter qu'un livre écrit avec des préoccupations purement littéraires pût acquérir ainsi tout d'un coup cette importance anecdotique et me valoir une telle nuée bourdonnante de réclamations. Jamais, en effet, rien de semblable ne s'est vu. Pas une ligne de mon œuvre, pas un de ses héros, pas même un personnage en silhouette qui ne soit devenu motif à allusions, à protestations. L'auteur a beau se défendre, jurer ses grands dieux que son roman n'a pas de clef, chacun lui en forge au moins une, à l'aide de laquelle il prétend ouvrir cette serrure à combinaison. Il faut que tous ces types aient vécu, comment donc! qu'ils vivent encore, identiques de la tête aux pieds... Monpavon est un tel, n'est-ce pas?... La ressemblance de Jenkins est frappante... Celui-ci se fâche d'en être, tel autre de n'en être pas; et cette recherche du scandale aidant, il n'est pas jusqu'à des rencontres de noms, fatales dans le roman moderne, des indications de rues, des numéros de maisons, choisis au hasard, qui n'aient servi à donner une sorte d'identité à des êtres bâtis de mille pièces et en définitive absolument imaginaires.

L'auteur a trop de modestie pour prendre tout ce bruit à son compte. Il sait la part qu'ont eue dans cela les indiscrétions amicales ou perfides des journaux; et, sans remercier les uns plus qu'il ne convient, sans en vouloir aux autres outre mesure, il se résigne à sa tapageuse aventure comme à une chose inévitable et tient seulement à honneur d'affirmer, sur vingt ans de travail et de probité littéraires, que cette fois, pas plus que les autres, il n'avait cherché cet élément de succès. En feuilletant ses souvenirs, ce qui est le droit et le devoir de tout romancier, il s'est rappelé un singulier épisode du Paris cosmopolite d'il y a quinze ans. Le romanesque d'une existence éblouissante et rapide, traversant en météore le ciel parisien, a évidemment servi de cadre au Nabab, à cette peinture des mœurs de la fin du second empire. Mais autour d'une situation, d'aventures connues, que chacun était en droit d'étudier et de rappeler, quelle fantaisie répandue, que d'inventions, que de broderies, surtout quelle dépense de cette observation continuelle, éparse, presque inconsciente, sans laquelle il ne saurait y avoir d'écrivains d'imagination. D'ailleurs, pour se rendre compte du travail « cristallisant » qui transporte du réel à la fiction, de la vie au roman, les circonstances les plus simples, il suffirait d'ouvrir le Moniteur Officiel de février 1864 et de comparer certaine séance du corps législatif au tableau que j'en donne dans mon livre. Qui aurait pu supposer qu'après tant d'années écoulées ce Paris à la courte mémoire saurait reconnaître le modèle primitif dans l'idéalisation que le romancier en a faite et qu'il s'élèverait des voix pour accuser d'ingratitude celui qui ne fut point certes « le commensal assidu » de son héros, mais seulement, dans leurs rares rencontres, un curieux en qui la vérité se photographie rapidement et qui ne peut jamais effacer de son souvenir les images une fois fixées ?

J'ai connu le « Vrai Nabab » en 1864. J'occupais alors une position semi-officielle qui m'obligeait à mettre une grande réserve dans mes visites à ce fastueux et accueillant Levantin. Plus tard je fus lié avec un de ses frères; mais à ce moment-là le pauvre Nabab se débattait au loin dans des buissons d'épines cruelles et l'on ne le voyait plus à Paris que rarement. Du reste il est bien gênant pour un galant homme de compter ainsi avec les morts et de dire: « Vous vous trompez. Bien que ce fût un hôte aimable, on ne m'a pas souvent vu chez lui. » Qu'il me suffise donc de déclarer qu'en parlant du fils de la mère Françoise comme je l'ai fait, j'ai voulu le rendre sympathique et que le reproche d'ingratitude me paraît de toute façon une absurdité. Cela est si vrai que bien des gens trouvent le portrait trop flatté, plus intéressant que nature. A ces gens-là ma réponse est fort simple: « Jansoulet m'a fait l'effet d'un brave homme; mais en tout cas, si je me trompe, prenez-vous-en aux journaux qui vous ont dit son vrai nom. Moi je vous ai livré mon roman comme un roman, mauvais ou bon, sans ressemblance garantie.

Quant à Mora, c'est autre chose. On a parlé d'indiscrétion, de défection politique... Mon Dieu, je ne m'en suis jamais caché. J'ai été, à l'âge de vingt ans, attaché au cabinet du haut fonctionnaire qui m'a servi de type; et mes amis de ce temps-là savent quel grave personnage politique je faisais. L'Administration elle aussi a dû garder un singulier souvenir de ce fantastique employé à crinière Mérovingienne, toujours le dernier venu au bureau, le premier parti, et ne montant jamais chez le duc que pour lui demander des congés; avec cela d'un naturel indépendant, les mains nettes de toute cautite, et si peu inféodé à l'Empire que le jour où le duc lui offrit d'entrer à son cabinet, le futur attaché crut devoir déclarer avec une solennité juvénile et touchante « qu'il était Légitimiste. »

« L'Impératrice l'est aussi, » répondit l'Excellence en souriant d'un grand air impertinent et tranquille. C'est avec ce sourire-là que je l'ai toujours vu, sans avoir besoin pour cela de regarder par le trou des serrures ; et c'est ainsi que je l'ai peint, tel qu'il aimait à se montrer, dans son attitude de Richelieu-Brummel. L'histoire s'occupera de l'homme d'État. Moi j'ai fait voir, en le mêlant de fort loin à la fiction de mon drame, le mondain qu'il était et qu'il voulait être, assuré d'ailleurs que de son vivant il ne lui eût point déplu d'être présenté ainsi.

Voilà ce que j'avais à dire. Et maintenant, ces déclarations faites en toute franchise, retournons bien vite au travail. On trouvera ma préface un peu courte et les curieux y auront en vain cherché le piment attendu. Tant pis pour eux. Si brève que soit cette page, elle est pour moi trois fois trop longue. Les préfaces ont cela de mauvais surtout qu'elles vous empêchent d'écrire des livres.

ALPHONSE DAUDET.

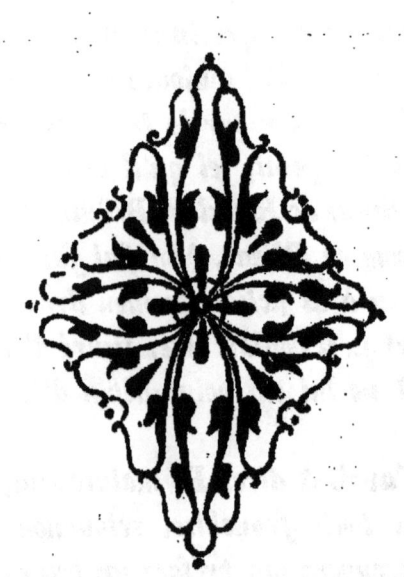

LE NABAB

LE NABAB

I

LES MALADES DU DOCTEUR JENKINS

Debout sur le perron de son petit hôtel de la rue de Lisbonne, rasé de frais, l'œil brillant, la lèvre entr'ouverte d'aise, ses longs cheveux vaguement grisonnants épandus sur un vaste collet d'habit, carré d'épaules, robuste et sain comme un chêne, l'illustre docteur irlandais Robert Jenkins, chevalier du Medjidié et de l'ordre distigué de Charles III d'Espagne, membre de plusieurs sociétés savantes ou bienfaisantes, président fondateur de l'œuvre de Bethléem, Jenkins enfin, le Jenkins des perles Jenkins à base arsenicale, c'est-à-dire le médecin à la mode de l'année 1864, l'homme le plus occupé de Paris, s'apprêtait à monter en voiture, un matin de la fin de novembre, quand une croisée s'ouvrit au premier étage sur la cour intérieure de l'hôtel, et une voix de femme demanda timidement :

« Rentrerez-vous déjeuner, Robert? »

Oh! de quel bon et loyal sourire s'éclaira tout à coup cette belle tête de savant et d'apôtre, et dans le tendre bonjour que ses yeux envoyèrent là-haut vers le chaud peignoir blanc entrevu derrière les tentures soulevées, comme on devinait bien une de ces passions conjugales, tranquilles et sûres, que l'habitude resserre de toute la souplesse et la solidité de ses liens.

« Non, madame Jenkins... Il aimait à lui donner ainsi publiquement son titre d'épouse légitime, comme s'il eût trouvé là une intime satisfaction, une sorte d'acquit de conscience envers la femme qui lui rendait la vie si riante... Non, ne m'attendez pas ce matin. Je déjeune place Vendôme.

— Ah! oui... le Nabab, dit la belle madame Jenkins avec une nuance très marquée de respect pour ce personnage des *Mille et une Nuits* dont tout Paris parlait depuis un mois; puis, après un peu d'hésitation, bien tendrement, tout bas, entre les lourdes tapisseries, elle chuchota, rien que pour le docteur :

— Surtout n'oubliez pas ce que vous m'avez promis. »

C'était vraisemblablement quelque chose de bien difficile à tenir, car au rappel de cette promesse les sourcils de l'apôtre se froncèrent, son sourire se pétrifia, toute sa figure prit une expression d'incroyable dureté; mais ce fut l'affaire d'un instant. Au chevet de leurs riches malades, ces physionomies de médecins à la mode deviennent expertes à mentir. Avec son air le plus tendre, le plus cordial, il répondit en montrant une rangée de dents éblouissantes :

« Ce que j'ai promis sera fait, madame Jenkins. Maintenant, rentrez vite et fermez votre croisée. Le brouillard est froid ce matin. »

Oui, le brouillard était froid, mais blanc comme de la vapeur de neige; et, tendu derrière les glaces du grand coupé, il égayait de reflets doux le journal déplié dans les mains du docteur. Là-bas dans les quartiers populeux, resserrés et noirs, dans le Paris commerçant et ouvrier, on ne connaît pas cette brume matinale qui s'attarde aux grandes avenues; de bonne heure l'activité du réveil, le va-et-vient des voitures maraîchères, des omnibus, des lourds camions secouant leurs ferrailles, l'ont vite hachée, effiloquée, éparpillée. Chaque passant en emporte un peu dans un paletot râpé, un cache-nez qui montre la trame, des gants grossiers frottés l'un contre l'autre. Elle imbibe les blouses frissonnantes, les waterproofs jetés sur les jupes de travail ; elle se fond à toutes les haleines, chaudes d'insomnie ou d'alcool, s'engouffre au fond des estomacs vides, se répand dans les boutiques qu'on ouvre, les cours noires, le long des escaliers dont elle inonde la rampe et les murs, jusque dans les mansardes sans feu. Voilà pourquoi il en reste si peu dehors. Mais dans cette portion de Paris espacée et grandiose, où demeurait la clientèle de Jenkins, sur ces larges boulevards plantés d'arbres, ces quais déserts, le brouillard planait immaculé, en nappes nombreuses, avec des légèretés et des floconnements d'ouate. C'était fermé, discret, presque luxueux, parce que le soleil derrière cette paresse de son lever commençait à répandre des teintes doucement pourprées, qui donnaient à la brume enveloppant jusqu'au faîte les hôtels alignés, l'aspect d'une mousseline blanche jetée sur des étoffes écarlates. On aurait dit un grand rideau abritant le sommeil tardif et léger de la fortune, épais rideau où rien ne s'entendait que le battement discret d'une porte cochère, les mesures en fer-blanc des laitiers, les grelots d'un troupeau d'ânesses passant au grand trot suivies du souffle court et haletant de leur berger, et le roulement sourd du coupé de Jenkins commençant sa tournée de chaque jour.

D'abord à l'hôtel de Mora. C'était, sur le quai d'Orsay, tout à côté de l'ambassade d'Espagne, dont les longues terrasses faisaient suite aux siennes, un magnifique palais ayant son entrée principale rue de Lille et une porte sur le bord de l'eau. Entre deux hautes murailles revêtues de lierre, reliées entre elles par d'imposants arcs de voûte, le coupé fila comme une flèche, annoncé par deux coups d'un timbre retentissant qui tirèrent Jenkins de l'extase où la lecture de son journal semblait l'avoir plongé. Puis les roues amortirent leur bruit sur le sable d'une vaste cour et s'arrêtèrent, après un élégant circuit, contre le perron de l'hôtel, surmonté d'une large marquise en rotonde. Dans la confusion du brouillard, on apercevait une dizaine de voitures en ligne, et le long d'une avenue d'acacias, tout secs en cette saison et nus dans leur écorce, les silhouettes de palefreniers anglais promenant à la main les chevaux de selle du duc. Tout révélait un luxe ordonné, reposé, grandiose et sûr.

« J'ai beau venir matin, d'autres arrivent toujours avant moi, » se dit Jenkins en voyant la file où son coupé prenait place; mais, certain de ne pas attendre, il gravit, ta tête haute, d'un air d'autorité tranquille, ce perron officiel que franchissaient chaque jour tant d'ambitions frémissantes, d'inquiétudes aux pieds trébuchants.

Dès l'antichambre, élevée et sonore comme une église, et que deux grands feux de bois, en dépit des calorifères brûlant nuit et jour, emplissaient d'une vie rayonnante, le luxe de cet intérieur arrivait par bouffées tièdes et capiteuses. Cela tenait à la fois de la serre et de l'étuve. Beaucoup de chaleur dans de la clarté; des boiseries blanches, des marbres blancs, des fenêtres immenses, rien d'étouffé ni d'enfermé, et pourtant une atmosphère égale faite pour entourer quelque existence rare, affinée et nerveuse. Jenkins s'épanouissait à ce soleil factice de la richesse; il saluait d'un « bonjour, mes enfants » le suisse poudré, au large baudrier d'or, les valets de pied en culotte courte, livrée or et bleu, tous debout pour lui faire honneur, effleurait du doigt la grande cage des ouistitis pleine de cris aigus et de cabrioles, et s'élançait en sifflotant sur l'escalier de marbre clair rembourré d'un tapis épais comme une pelouse, conduisant aux appartements du duc. Depuis six mois qu'il venait à l'hôtel de Mora, le bon docteur ne s'était pas encore blasé sur l'impression toute physique de gaieté, de légèreté que lui causait l'air de cette maison.

Quoiqu'on fût chez le premier fonctionnaire de l'empire, rien ne sentait ici l'administration ni ses cartons de paperasses poudreuses. Le duc n'avait consenti à accepter ses hautes dignités de ministre d'État, président du conseil, qu'à la condition de ne pas quitter son hôtel; il n'allait au ministère qu'une heure ou deux par jour, le temps de donner les signatures indispensables, et tenait ses audiences dans sa chambre à coucher. En ce moment, malgré l'heure matinale, le salon était plein. On voyait là des figures graves, anxieuses, des préfets de province aux lèvres rases, aux favoris administratifs, un peu moins arrogants dans cette antichambre que là-bas dans leurs préfectures, des magistrats, l'air austère, sobres de gestes, des députés aux allures importantes, gros bonnets de la finance, usiniers cossus et rustiques, parmi lesquels se détachait çà et là la grêle tournure ambitieuse d'un substitut ou d'un conseiller de préfecture, en tenue de solliciteur, habit noir et cravate blanche; et tous, debout, assis, groupés ou solitaires, crochetaient silencieusement du regard cette haute porte fermée sur leur destin, par laquelle ils sortiraient tout à l'heure triomphants ou la tête basse. Jenkins traversa la foule rapidement, et chacun suivait d'un œil d'envie ce nouveau venu que l'huissier à chaîne, correct et glacial, assis devant une table à côté de la porte, accueillait d'un petit sourire à la fois respectueux et familier.

« Avec qui est-il ? » demanda le docteur en montrant la chambre du duc.

Du bout des lèvres, non sans un frisement d'œil légèrement ironique, l'huissier murmura un nom qui, s'ils l'avaient entendu, aurait indigné tous ces hauts personnages attendant depuis une heure que le costumier de l'Opéra eût terminé son audience.

Un bruit de voix, un jet de lumière... Jenkins venait d'entrer chez le duc ; il n'attendait jamais, lui.

Debout, le dos à la cheminée, serré dans une veste en fourrure bleue dont les douceurs de reflets affinaient une tête énergique et hautaine, le président du conseil faisait dessiner sous ses yeux un costume de pierrette que la duchesse porterait à son prochain bal, et donnait ses indications avec la même gravité que s'il eût dicté un projet de loi.

« Ruchez la fraise très fin et ne ruchez pas les manchettes... Bonjour, Jenkins... Je suis à vous. »

Jenkins s'inclina et fit quelques pas dans l'immense chambre dont les croisées, ouvrant sur un jardin qui allait jusqu'à la Seine, encadraient un des plus beaux aspects de Paris, les ponts, les Tuileries, le Louvre, dans un entrelacement d'arbres noirs comme tracés à l'encre de Chine sur le fond flottant du brouillard. Un large lit très bas, élevé de quelques marches, deux ou trois petits paravents de laque aux vagues et capricieuses dorures, indiquant ainsi que les doubles portes et les tapis de haute laine, la crainte du froid poussée jusqu'à l'excès, des sièges divers, chaises longues, chauffeuses, répandus un peu au hasard, tous bas, arrondis, de forme indolente ou voluptueuse, composaient l'ameublement de cette chambre célèbre où se traitaient les plus graves questions et aussi les plus légères avec le même sérieux d'intonation. Au mur, un beau portrait de la duchesse; sur la cheminée, un buste du duc, œuvre de Félicia Ruys, qui avait eu au récent Salon les honneurs d'une première médaille.

« Eh bien! Jenkins, comment va, ce matin? dit l'Excellence en s'approchant, pendant que le costumier ramassait ses dessins de modes, épars sur tous les fauteuils.

— Et vous, mon cher duc? Je vous ai trouvé un peu pâle hier soir aux Variétés.

— Allons donc! Je ne me suis jamais si bien porté... Vos perles me font un effet du diable... Je me sens une vivacité, une verdeur... Quand je pense comme j'étais fourbu il y a six mois. »

Jenkins, sans rien dire, avait appuyé sa grosse tête sur la fourrure du ministre d'État, à l'endroit où le cœur bat chez le commun des hommes. Il écouta un moment pendant que l'Excellence continuait à parler sur le ton indolent, excédé, qui faisait un des caractères de sa distinction.

« Avec qui étiez-vous donc, docteur, hier soir? Ce grand Tartare bronzé qui riait si fort sur le devant de votre avant-scène?...

— C'était le Nabab, monsieur le duc... Ce fameux Jansoulet, dont il est tant question en ce moment.

— J'aurais dû m'en douter. Toute la salle le regardait. Les actrices ne jouaient que pour lui... Vous le connaissez? Quel homme est-ce?

— Je le connais... C'est-à-dire je le soigne... Merci, mon cher duc, j'ai fini. Tout va bien par là... En arrivant à Paris, il y a un mois, le changement de climat l'avait un peu éprouvé. Il m'a fait appeler, et depuis m'a pris en grande amitié... Ce que je sais de lui, c'est qu'il a une fortune colossale, gagnée à Tunis, au service du bey, un cœur loyal, une âme généreuse, où les idées d'humanité...

— A Tunis?... interrompit le duc fort peu sentimental et peu humanitaire de sa nature... Alors, pourquoi ce nom de Nabab?

— Bah! les Parisiens n'y regardent pas de si près... Pour eux, tout riche étranger est un nabab, n'importe d'où il vienne... Celui-ci du reste a bien le physique de l'emploi, un teint cuivré, des yeux de braise ardente, de plus une fortune gigantesque dont il fait, je ne crains pas de le dire, l'usage le plus noble et le plus intelligent. C'est à lui que je dois, — ici le docteur prit un air modeste, — que je dois d'avoir enfin pu constituer l'œuvre de Bethléem pour l'allaitement des enfants, qu'un journal du matin, que je parcourais tout à l'heure, le *Messager,* je crois, appelle « la grande pensée philanthropique du siècle. »

Le duc jeta un regard distrait sur la feuille que Jenkins lui tendait. Ce n'était pas celui-là qu'on prenait avec des phrases de réclame.

« Il faut qu'il soit très riche, ce M. Jansoulet, dit-il froidement. Il commandite le théâtre de Cardailhac. Monpavon lui fait payer ses dettes, Bois-l'Héry lui monte une écurie, le vieux Schwalbach une galerie de tableaux... C'est de l'argent, tout cela. »

Jenkins se mit à rire :

« Que voulez-vous, mon cher duc, vous le préoccupez beaucoup, ce pauvre Nabab. Arrivant ici avec la ferme volonté de devenir Parisien, homme du monde, il vous a pris pour modèle en tout, et je ne vous cache pas qu'il voudrait bien étudier son modèle de plus près.

— Je sais, je sais... Monpavon m'a déjà demandé de me l'amener... Mais je veux attendre, je veux voir... Avec ces grandes fortunes, qui viennent de si loin, il faut se garder...

Mon Dieu, je ne dis pas... Si je le rencontrais ailleurs que chez moi, au théâtre, dans un salon...

— Justement madame Jenkins compte donner une petite fête, le mois prochain. Si vous vouliez nous faire l'honneur...

— J'irai très volontiers chez vous, mon cher docteur, et dans le cas où votre Nabab serait là, je ne m'opposerais pas à ce qu'il me fût présenté. »

A ce moment l'huissier de service entr'ouvrit la porte.

« M. le ministre de l'intérieur est dans le salon bleu... Il n'a qu'un mot à dire à Son Excellence... M. le préfet de police attend toujours en bas dans la galerie.

— C'est bien, dit le duc, j'y vais... Mais je voudrais en finir avant avec ce costume... Voyons, père chose, qu'est-ce que nous décidons pour ces ruches? A revoir, docteur... Rien à faire, n'est-ce pas, que continuer les perles?

— Continuer les perles, dit Jenkins en saluant; et il sortit tout radieux de deux bonnes fortunes qui lui arrivaient en même temps, l'honneur de recevoir le duc et le plaisir d'obliger son cher Nabab. Dans l'antichambre, la foule des solliciteurs qu'il traversa était encore plus nombreuse qu'à son entrée; de nouveaux venus s'étaient joints aux patients de la première heure, d'autres montaient l'escalier, affairés et tout pâles, et dans la cour, les voitures continuaient à arriver, à se ranger en cercle sur deux rangs, gravement, solennellement, pendant que la question des ruches aux manchettes se discutait là-haut avec non moins de solennité.

— Au cercle, dit Jenkins à son cocher. »

Le coupé roula le long des quais, repassa les ponts, gagna la place de la Concorde, qui n'avait déjà plus le même aspect que tout à l'heure. Le brouillard s'écartait vers le Garde-Meuble et le temple grec de la Madeleine, laissant deviner çà et là l'aigrette blanche d'un jet d'eau, l'arcade d'un palais, le haut d'une statue, les massifs des Tuileries, groupés frileusement près des grilles. Le voile non soulevé, mais déchiré par places, découvrait des fragments d'horizon; et l'on voyait sur l'avenue menant à l'Arc-de-Triomphe, des breaks passer au grand trot, chargés de cochers et de maquignons, des dragons de l'impératrice, des guides chamarrés et couverts de fourrures s'en aller deux par deux en longues files, avec un cliquetis de mors, d'éperons, des ébrouements de chevaux frais, tout cela s'éclairant d'un soleil encore invisible, sortant du vague de l'air, y rentrant par masses, comme une vision rapide du luxe matinal de ce quartier.

Jenkins descendit à l'angle de la rue Royale. Du haut en bas de la grande maison de jeu, les domestiques circulaient, secouant les tapis, aérant les salons où flottait la buée des cigares, où des monceaux de cendre fine tout embrasée s'écroulaient au fond des cheminées, tandis que sur les tables vertes, encore frémissantes des parties de la nuit, brûlaient quelques flambeaux d'argent dont la flamme montait toute droite dans la lumière blafarde du grand jour. Le bruit, le va-et-vient s'arrêtaient au troisième étage, où quelques membres du cercle avaient leur appartement. De ce nombre était le marquis de Monpavon, chez qui Jenkins se rendait.

« Comment ! c'est vous, docteur ?... Diable emporte !... Quelle heure est-il donc ?... Suis pas visible.

— Pas même pour le médecin ?

— Oh ! pour personne... Question de tenue, mon cher... C'est égal, entrez tout de même... Chaufferez les pieds un moment pendant que Francis finit de me coiffer. »

Jenkins pénétra dans la chambre à coucher, banale comme tous les garnis, et s'approcha du feu sur lequel chauffaient des fers à friser de toutes les dimensions, tandis que dans le laboratoire à côté, séparé de la chambre par une tenture algérienne, le marquis de Monpavon s'abandonnait aux manipulations de son valet de chambre. Des odeurs de patchouli, de coldcream, de corne et de poils brûlés s'échappaient de l'espace restreint; et de temps en temps, quand Francis venait retirer un fer, Jenkins entrevoyait une immense toilette chargée de mille petits instruments d'ivoire, de nacre et d'acier, limes, ciseaux, houppes et brosses, de flacons, de godets, de cosmétiques, étiquetés, rangés, alignés, et parmi tout cet étalage, maladroite et déjà tremblante, une main de vieillard, sèche et longue, soignée aux ongles comme celle d'un peintre japonais, qui hésitait au milieu de ces quincailleries menues et de ces faïences de poupée.

Tout en arrangeant son visage, la plus longue, la plus compliquée de ses occupations du matin, Monpavon causait avec le docteur, racontait ses malaises, le bon effet des perles qui le rajeunissaient, disait-il. Et de loin, ainsi, sans le voir, on aurait cru entendre le duc de Mora, tellement il lui avait pris ses façons de parler. C'étaient les mêmes phrases inachevées, terminées en « ps... ps... ps... » du bout des dents, des « machin, » des « chose, » intercalés à tout propos dans le discours, une sorte de bredouillement aristocratique, fatigué, paresseux, où se sentait un mépris profond pour l'art vulgaire de la parole. Dans l'entourage du duc, tout le monde cherchait à imiter cet accent, ces intonations dédaigneuses avec une affectation de simplicité.

Jenkins, trouvant la séance un peu longue, s'était levé pour partir :

« Adieu, je m'en vais... On vous verra chez le Nabab?

— Oui, je compte y déjeuner... promis de lui amener Chose, Machin, comment donc?... Vous savez pour notre grosse affaire... ps... ps... ps... Sans quoi dispenserais bien d'y aller... vraie ménagerie, cette maison-là... »

L'Irlandais, malgré sa bienveillance, convint que la société était un peu mêlée chez son ami. Mais quoi! il ne fallait pas lui en vouloir. Il ne savait pas, ce pauvre homme.

« Sait pas, et veut pas apprendre, fit Monpavon avec aigreur... Au lieu de consulter les gens d'expérience... ps... ps... ps... premier écornifleur venu. Avez-vous vu chevaux que Bois-l'Héry lui a fait acheter? De la roustissure, ces bêtes-là. Et il les a payées vingt mille francs. Parions que Bois-l'Héry les a eues pour six mille.

— Oh! fi donc... un gentilhomme! » dit Jenkins avec l'indignation d'une belle âme se refusant à croire au mal.

Monpavon continua sans avoir l'air d'entendre :

« Tout ça parce que les chevaux sortaient de l'écurie de Mora.

— C'est vrai que le duc lui tient au cœur, à ce cher Nabab. Aussi je vais le rendre bien heureux en lui apprenant... »

Le docteur s'arrêta, embarrassé.

« En lui apprenant quoi, Jenkins? »

Assez penaud, Jenkins dut avouer qu'il avait obtenu de Son Excellence la permission de lui présenter son ami Jansoulet. A peine eut-il achevé sa phrase, qu'un long spectre, au visage flasque, aux cheveux, aux favoris multicolores, s'élança du cabinet dans la chambre, croisant de ses deux mains sur un cou décharné mais très droit un peignoir de soie claire à pois violets, dont il s'enveloppait comme un bonbon dans sa papillotte. Ce que cette physionomie héroï-comique avait de plus saillant, c'était un grand nez busqué tout luisant de coldcream, et un regard vif, aigu, trop jeune, trop clair pour la paupière lourde et plissée qui le recouvrait. Les malades de Jenkins avaient tous ce regard-là.

Vraiment il fallait que Monpavon fût bien ému pour se montrer ainsi dépourvu de tout prestige. En effet, les lèvres blanches, la voix changée, il s'adressa au docteur vivement sans zézayer cette fois, et tout d'un trait :

« Ah çà! mon cher, pas de farce entre nous, n'est-ce pas?... Nous nous sommes rencontrés tous les deux devant la même écuelle; mais j'entends que vous me laissiez la mienne. » Et l'air étonné de Jenkins ne l'arrêta pas. « Que ceci soit dit une fois pour toutes. J'ai promis au Nabab de le présenter au duc, ainsi que je vous ai présenté jadis. Ne vous mêlez donc pas de ce qui me regarde seul. »

Jenkins mit la main sur son cœur, protesta de son innocence. Il n'avait jamais eu l'intention... Certainement Monpavon était trop l'ami du duc, pour qu'un autre... Comment avait-il pu supposer?...

« Je ne suppose rien, dit le vieux gentilhomme, plus calme mais toujours froid. J'ai voulu seulement avoir une explication très nette avec vous à ce sujet. »

L'Irlandais lui tendit sa main large ouverte.

« Mon cher marquis, les explications sont toujours nettes entre gens d'honneur.

— D'honneur est un grand mot, Jenkins... Disons gens de tenue... Cela suffit. »

Et cette tenue, qu'il invoquait comme suprême frein de conduite, le rappelant tout à coup au sentiment de sa comique situation, le marquis offrit un doigt à la poignée de main démonstrative de son ami et repassa dignement derrière son rideau, pendant que l'autre s'en allait, pressé de reprendre sa tournée.

Quelle magnifique clientèle il avait, ce Jenkins! Rien que des hôtels princiers, des escaliers chauffés, chargés de fleurs à tous les étages, des alcôves capitonnées et soyeuses, où la maladie se faisait discrète, élégante, où rien ne sentait cette main brutale qui jette sur un lit de misère ceux qui ne cessent de travailler que pour mourir. Ce n'était pas à vrai dire des malades, ces clients du docteur irlandais. On n'en aurait pas voulu dans un hospice. Leurs organes n'ayant pas même la force d'une secousse, le siége de leur mal ne se trouvait nulle part, et le médecin penché sur eux aurait cherché en vain la palpitation d'une souffrance dans ces corps que l'inertie, le silence de la mort habitaient déjà. C'étaient des épuisés, des exténués, des anémiques brûlés par une vie absurde, mais la trouvant si bonne encore qu'ils s'acharnaient à la prolonger. Et les perles Jenkins devenaient fameuses justement pour ce coup de fouet donné aux existences surmenées.

« Docteur, je vous en conjure, que j'aille au bal ce soir ! » disait la jeune femme anéantie sur sa chaise longue et dont la voix n'était plus qu'un souffle.

— Vous irez, ma chère enfant. »

Et elle y allait, et jamais elle n'avait été plus belle.

« Docteur, à tout prix, dussé-je en mourir, il faut que demain matin je sois au conseil des ministres. »

Il y était, et il en rapportait un triomphe d'éloquence et de diplomatie ambitieuse.

Après... oh! après, par exemple... Mais n'importe! jusqu'au dernier jour, les clients de Jenkins circulaient, se montraient, trompaient l'égoïsme dévorant de la foule. Ils mouraient debout, en gens du monde.

Après mille détours dans la Chaussée-d'Antin, les Champs-Elysées, après avoir visité tout ce qu'il y avait de millionnaire ou de titré dans le faubourg Saint-Honoré, le médecin à la mode arriva à l'angle du Cours-la-Reine et de la rue François I*er*, devant une façade arrondie qui tenait le coin du quai, et pénétra au rez-de-chaussée dans un intérieur qui ne ressemblait en rien à ceux qu'il traversait depuis le matin. Dès l'entrée, des tapisseries couvrant les murs, de vieux vitraux coupant de lanières de plomb un jour discret et mélangé, un saint gigantesque en bois sculpté qui faisait face à un monstre japonais aux yeux saillants, au dos couvert d'écailles finement tuilées, indiquaient le goût imaginatif et curieux d'un artiste. Le petit domestique qui vint ouvrir tenait en laisse un lévrier arabe plus grand que lui.

« Madame Constance est à la messe, dit-il, et mademoiselle est dans l'atelier, toute seule... Nous travaillons depuis six heures du matin, » ajouta l'enfant avec un bâillement lamentable que le chien attrapa au vol et qui lui fit ouvrir toute grande sa gueule rose aux dents aiguës.

« Jenkins, que nous avons vu entrer si tranquillement dans la chambre du ministre d'État, tremblait un peu en soulevant la tenture qui masquait la porte de l'atelier restée ouverte. C'était un superbe atelier de sculpture, dont la façade en coin arrondissait tout un côté vitré, bordé de pilastres, une large baie lumineuse opalisée en ce moment par le brouillard. Plus ornée que ne le sont d'ordinaire ces pièces de travail, que les souillures du plâtre, les ébauchoirs, la terre glaise, les flaques d'eau font ressembler à des chantiers de maçonnerie, celle-ci ajoutait un peu de coquetterie à sa destination artistique. Des plantes vertes dans tous les coins, quelques bons tableaux accrochés au mur nu, et çà et là — portées par des consoles en chêne — deux ou trois œuvres de Sébastien Ruys, dont la dernière, exposée après sa mort, était couverte d'une gaze noire.

La maîtresse de la maison, Félicia Ruys, la fille du célèbre sculpteur, connue déjà elle-même par deux chefs-d'œuvre, le buste de son père et celui du duc de Mora, se tenait au milieu de l'atelier, en train de modeler une figure. Serrée dans une amazone de drap bleu à longs plis, un fichu de Chine roulé autour de son cou comme une cravate de garçon, ses cheveux noirs groupés sans apprêt sur la forme antique de sa petite tête, Félicia travaillait avec une ardeur extrême, qui ajoutait à sa beauté la condensation, le resserrement de tous les traits d'une expression attentive et satisfaite. Mais cela changea tout de suite à l'arrivée du docteur.

« Ah! c'est vous, » dit-elle brusquement, comme éveillée d'un rêve... « On a donc sonné?... Je n'avais pas entendu. »

Et dans l'ennui, la lassitude répandus subitement sur cet adorable visage, il ne resta plus d'expressif et de brillant que les yeux, des yeux où l'éclat factice des perles Jenkins s'avivait d'une sauvagerie de nature.

Oh! comme la voix du docteur se fit humble et condescendante en lui répondant :

« Votre travail vous absorbe donc bien, ma chère Félicia?... C'est nouveau ce que vous faites là?... Cela me paraît très joli. »

Il s'approcha de l'ébauche encore informe, d'où sortait vaguement un groupe de deux animaux, dont un lévrier qui détalait à fond de train avec une lancée vraiment extraordinaire.

« L'idée m'en est venue cette nuit... J'ai commencé à travailler à la lampe... C'est mon pauvre Kadour qui ne s'amuse pas, » dit la jeune fille en regardant d'un air de bonté caressante le lévrier à qui le petit domestique essayait d'écarter les pattes pour les remettre à la pose.

Jenkins remarqua paternellement qu'elle avait tort de se fatiguer ainsi, et lui prenant le poignet avec des précautions ecclésiastiques :

« Voyons, je suis sûr que vous avez la fièvre. »

Au contact de cette main sur la sienne, Félicia eut un mouvement presque répulsif.

« Laissez... laissez... vos perles n'y peuvent rien... Quand je ne travaille pas, je m'ennuie; je m'ennuie à mourir, je m'ennuie à tuer; mes idées sont de la couleur de cette eau qui coule là-bas, saumâtre et lourde... Commencer la vie, et en avoir le dégoût! C'est dur... J'en suis réduite à envier ma pauvre Constance, qui passe les journées sur sa chaise, sans ouvrir la bouche, mais en souriant toute seule au passé dont elle se souvient... Je n'ai pas même cela, moi, de bons souvenir à ruminer... Je n'ai que le travail... le travail ! »

Tout en parlant, elle modelait furieusement, tantôt avec l'ébauchoir, tantôt avec ses doigts, qu'elle essuyait de temps en temps à une petite éponge posée sur la selle de bois soutenant le groupe; de telle sorte que ses plaintes, ses tristesses, inexplicables dans une bouche de vingt ans et qui avait au repos la pureté d'un sourire grec, semblaient proférées au hasard et ne s'adresser à personne. Pourtant Jenkins en paraissait inquiet, troublé, malgré l'attention évidente qu'il prêtait à l'ouvrage de l'artiste, ou plutôt à l'artiste elle-même, à la grâce triomphante de cette fille, que sa beauté semblait avoir prédestinée à l'étude des arts plastiques.

Gênée par ce regard admiratif qu'elle sentait posé sur elle, Félicia reprit :

« A propos, vous savez que je l'ai vu, votre Nabab... On me l'a montré vendredi dernier à l'Opéra.

— Vous étiez à l'Opéra vendredi?

— Oui... Le duc m'avait envoyé sa loge. »

Jenkins changea de couleur.

« J'ai décidé Constance à m'accompagner. C'était la première fois depuis vingt-cinq ans, depuis sa représentation d'adieu, qu'elle entrait à l'Opéra. Ça lui a fait un effet. Pendant le ballet surtout, elle tremblait, elle rayonnait, tous ses anciens triomphes pétillaient dans ses yeux. Est-on heureux d'avoir des émotions pareilles... Un vrai type, ce Nabab. Il faudra que vous me l'ameniez. C'est une tête qui m'amuserait à faire.

— Lui, mais il est affreux!... Vous ne l'avez pas bien regardé.

— Parfaitement, au contraire. Il était en face de nous... Ce masque d'Éthiopien blanc serait superbe en marbre. Et pas banal, au moins, celui-là... D'ailleurs, puisqu'il est si laid que ça, vous ne serez pas aussi malheureux que l'an dernier quand je faisais le buste de Mora... Quelle mauvaise figure vous aviez, Jenkins, à cette époque!

— Pour dix années d'existence, murmura Jenkins d'une voix sombre, je ne voudrais recommencer ces moments-là... Mais cela vous amuse, vous, de voir souffrir.

— Vous savez bien que rien ne m'amuse, » dit-elle en haussant les épaules avec une impertinence suprême.

Puis, sans le regarder, sans ajouter une parole, elle s'enfonça dans une de ces activités muettes par lesquelles les vrais artistes échappent à eux-mêmes et à tout ce qui les entoure.

Jenkins fit quelques pas dans l'atelier, très ému, la lèvre gonflée d'aveux qui n'osaient pas sortir, commença deux ou trois phrases demeurées sans réponse; enfin, se sentant congédié, il prit son chapeau et marcha vers la porte.

« Ainsi, c'est entendu... Il faut vous l'amener.

— Qui donc?

— Mais le Nabab... C'est vous qui à l'instant même...

— Ah! oui... fit l'étrange personne dont les caprices ne duraient pas longtemps, amenez-le si vous voulez; je n'y tiens pas autrement. »

Et sa belle voix morne, où quelque chose semblait brisé, l'abandon de tout son être disaient bien que c'était vrai, qu'elle ne tenait à rien au monde.

Jenkins sortit de là très troublé le front assombri. Mais, sitôt dehors, il reprit sa physionomie riante et cordiale, étant de ceux qui vont masqués dans les rues. La matinée s'avançait. La brume, encore visible aux abords de la Seine, ne flottait plus que par lambeaux et donnait une légèreté vaporeuse aux maisons du quai, aux bateaux dont on ne voyait pas les roues, à l'horizon lointain dans lequel le dôme des Invalides planait comme un aérostat doré dont le filet aurait secoué des rayons. Une tiédeur répandue, le mouvement du quartier disaient que midi n'était pas loin, qu'il sonnerait bientôt au battant de toutes les cloches.

Avant d'aller chez le Nabab, Jenkins avait pourtant une autre visite à faire. Mais celle-là paraissait l'ennuyer beaucoup. Enfin, puisqu'il l'avait promis! Et résolûment :

« 68, rue Saint-Ferdinand, aux Ternes, » dit-il en sautant dans sa voiture.

Le cocher Joë, scandalisé, se fit répéter l'adresse deux fois; le cheval lui-même eut une petite hésitation, comme si la bête de prix, la fraîche livrée se fussent révoltés à l'idée d'une course dans un faubourg aussi lointain, en dehors du cercle restreint mais si brillant où se groupait la clientèle de leur maître. On arriva tout de même, sans encombre, au bout d'une rue provinciale, inachevée, et à la dernière de ses bâtisses, un immeuble à cinq étages, que la rue semblait avoir envoyé en reconnaissance pour savoir si elle pouvait continuer de ce côté, isolé qu'il était entre des terrains vagues attendant des constructions prochaines ou remplis de matériaux de démolitions, avec des pierres de taille, de vieilles persiennes posées sur le vide, des ais moisis dont les ferrures pendaient, immense ossuaire de tout un quartier abattu.

D'innombrables écriteaux se balançaient au-dessus de la porte décorée d'un grand cadre de photographies blanc de poussière, auprès duquel Jenkins resta un moment en arrêt. L'illustre médecin était-il donc venu si loin pour se faire faire un portrait-carte ? On aurait pu le croire, à l'attention qui le retenait devant cet étalage, dont les quinze ou vingt photographies représentaient la même famille en des allures, des poses et des expressions différentes : un vieux monsieur, le menton soutenu par une haute cravate blanche, une serviette de cuir sous le bras, entouré d'une nichée de jeunes filles coiffées en nattes ou en boucles, de modestes ornements sur leurs robes noires. Quelquefois le vieux monsieur n'avait posé qu'avec deux de ses fillettes; ou bien une de ces jeunes et jolies silhouettes se dessinait, solitaire, le coude sur une colonne tronquée, la tête penchée sur un livre, dans une pose naturelle et abandonnée. Mais en somme c'était toujours le même motif avec des variantes, et il n'y avait pas dans la vitrine d'autre monsieur que le vieux monsieur à cravate blanche, pas d'autres figures féminines que celles de ses nombreuses filles.

« Les ateliers dans la maison, au cinquième, » disait une ligne dominant le cadre. Jenkins soupira, mesura de l'œil la distance qui séparait le sol du petit balcon là-haut, près des nuages ; puis il se décida à entrer. Dans le couloir, il se croisa avec une cravate blanche et une majestueuse serviette en cuir, évidemment le vieux monsieur de l'étalage. Interrogé, celui-ci répondit que M. Maranne habitait en effet le cinquième : « Mais, ajouta-t-il avec un sourire engageant, les étages ne sont pas hauts. » Sur cet encouragement, l'Irlandais se mit à monter un escalier étroit et tout neuf avec des paliers pas plus grands qu'une marche, une seule porte par étage, et des fenêtres coupées qui laissaient voir une cour aux pavés tristes et d'autres cages d'escalier, toutes vides ; une de ces affreuses maisons modernes, bâties à la douzaine par des entrepreneurs sans le sou et dont le plus grand inconvénient consiste en des cloisons minces qui font vivre tous les habitants dans une communauté de phalanstère. En ce moment, l'incommodité n'était pas grande, le quatrième et le cinquième étages se trouvant seuls occupés, comme si les locataires y étaient tombés du ciel.

Au quatrième, derrière une porte dont la plaque en cuivre annonçait « M. JOYEUSE, *expert en écritures*, » le docteur entendit un bruit de rires frais, de jeunes bavardages, de pas étourdis qui l'accompagnèrent jusqu'au-dessus, jusqu'à l'établissement photographique.

C'est une des surprises de Paris que ces petites industries perchées dans des coins et qui ont l'air de n'avoir aucune communication avec le dehors. On se demande comment vivent les gens qui s'installent dans ces métiers-là, quelle providence méticuleuse peut envoyer par exemple des clients à un photographe logé au cinquième dans des terrains vagues, tout en haut de la rue Saint-Ferdinand, ou des écritures à tenir au comptable du dessous. Jenkins, en se faisant cette réflexion, sourit de pitié, puis entra tout droit comme l'y invitait l'inscription suivante : « Entrez sans frapper. » Hélas on n'abusait guère de la permission... Un grand garçon à lunettes, en train d'écrire sur une petite table, les jambes entortillées d'une couverture de voyage, se leva précipitamment pour venir au devant du visiteur que sa myopie l'avait empêché de reconnaître.

« Bonjour, André... dit le docteur tendant sa main loyale.

— Monsieur Jenkins !

— Tu vois, je suis bon enfant comme toujours... Ta conduite envers nous, ton obstination à vivre loin de tes parents commandaient à ma dignité une grande réserve ; mais ta mère a pleuré. Et me voilà. »

Il regardait, tout en parlant, ce pauvre petit atelier, dont les murs nus, les meubles rares, l'appareil photographique tout neuf, la petite cheminée à la prussienne, neuve aussi, et n'ayant jamais vu le feu, s'éclairaient désastreusement sous la lumière droite qui tombait du toit de verre. La mine tirée, la barbe grêle du jeune homme, à qui la couleur claire de ses yeux, la hauteur étroite de son front, ses cheveux longs et blonds rejetés en arrière donnaient l'air d'un illuminé, tout s'accentuait dans le jour cru ; et aussi l'âpre vouloir de ce regard limpide qui fixait Jenkins froidement et d'avance opposait à toutes ses raisons, à toutes ses protestations, une invincible résistance.

Mais le bon Jenkins feignait de ne pas s'en apercevoir :

« Tu le sais, mon cher André... Du jour où j'ai épousé ta mère, je t'ai regardé comme mon fils. Je comptais te laisser mon cabinet, ma clientèle, te mettre le pied dans un étrier doré, heureux de te voir suivre une carrière consacrée au bien de l'humanité... Tout à coup, sans dire pourquoi, sans te préoccuper de l'effet qu'une pareille rupture pourrait avoir aux yeux du monde, tu t'es écarté de nous, tu as laissé là tes études, renoncé à ton avenir pour te lancer dans je ne sais quelle vie décousue, entreprendre un métier ridicule, le refuge et le prétexte de tous les déclassés.

— Je fais ce métier pour vivre... C'est un gagne-pain en attendant.

— En attendant quoi ? la gloire littéraire ? »

Il regardait dédaigneusement le griffonnage épars sur la table.

« Mais tout cela n'est pas sérieux, et voici ce que je viens te dire : une occasion s'offre à toi, une porte à deux battants ouverte sur l'avenir... L'OEuvre de Bethléem est fondée... Le plus beau de mes rêves humanitaires a pris corps... Nous venons d'acheter une superbe villa à Nanterre pour installer notre premier établissement. C'est la direction, c'est la surveillance de cette maison que j'ai songé à te confier comme à un autre moi-même. Une habitation princière, des appointements de chef de division et la satisfaction d'un service rendu à la grande famille humaine... Dis un mot et je t'emmène chez le Nabab, chez l'homme au grand cœur qui fait les frais de notre entreprise... Acceptes-tu ?

— Non, dit l'autre si sèchement que Jenkins en fut décontenancé.

— C'est bien cela... Je m'attendais à ce refus en venant ici, mais je suis venu quand même. J'ai pris pour devise : « Faire le bien sans espérance. » Et je reste fidèle à ma devise... Ainsi c'est entendu... tu préfères à l'existence honorable, digne, fructueuse que je viens te proposer, une vie de hasard sans issue et sans dignité... »

André ne répondit rien; mais son silence parlait pour lui.

« Prends garde... tu sais ce qu'entraînera cette décision, un éloignement définitif, mais tu l'as toujours désiré... Je n'ai pas besoin de te dire, continua Jenkins, que briser avec moi, c'est rompre aussi avec ta mère. Elle et moi ne faisons qu'un. »

Le jeune homme pâlit, hésita une seconde, puis dit avec effort :

« S'il plaît à ma mère de venir me voir ici, j'en serai certes bien heureux... mais ma résolution de sortir de chez vous, de n'avoir plus rien de commun avec vous est irrévocable.

— Et au moins diras-tu pourquoi ? »

Il fit signe que « non, » qu'il ne le dirait pas.

Pour le coup, l'Irlandais eut un vrai mouvement de colère. Toute sa figure prit une expression sournoise, farouche, qui aurait bien étonné ceux qui ne connaissaient que le bon et loyal Jenkins ; mais il se garda bien d'aller plus loin dans une explication qu'il craignait peut-être autant qu'il la désirait.

« Adieu, fit-il du seuil en retournant à demi la tête... Et ne vous adressez jamais à nous.

— Jamais... répondit son beau-fils d'une voix ferme. »

Cette fois, quand le docteur eut dit à Joë : « place Vendôme, » le cheval, comme s'il avait compris qu'on allait chez le Nabab, agita fièrement ses gourmettes étincelantes, et le coupé partit à fond de train, transformant en soleil chaque essieu de ses roues... « Venir si loin pour chercher une réception pareille ! Une célébrité du temps traitée ainsi par ce bohème ! Essayez donc de faire le bien !... » Jenkins écoula sa colère dans un long monologue de ce genre; puis tout à coup se secouant : « Ah bah... » Et ce qui restait de soucieux à son front se dissipa vite sur le trottoir de la place Vendôme. Midi sonnait partout dans le soleil. Sorti de son rideau de brume, Paris luxueux, réveillé et debout, commençait sa journée tourbillonnante. Les vitrines de la rue de la Paix resplendissaient. Les hôtels de la place paraissaient s'aligner fièrement pour les réceptions d'après-midi; et, tout au bout de la rue Castiglione aux blanches arcades, les Tuileries, sous un beau rayon d'hiver dressaient des statues grelottantes, roses de froid, dans le dénûment des quinconces.

II

UN DÉJEUNER PLACE VENDOME

Ils n'étaient guère plus d'une vingtaine ce matin-là dans la salle à manger du Nabab, une salle à manger en chêne sculpté, sortie la veille de chez quelque grand tapissier, qui du même coup avait fourni les quatre salons en enfilade entrevus dans une porte ouverte, les tentures du plafond, les objets d'art, les lustres, jusqu'à la vaisselle plate étalée sur les dressoirs, jusqu'aux domestiques qui servaient. C'était bien l'intérieur improvisé, dès la descente du chemin de fer, par un gigantesque parvenu pressé de jouir. Quoiqu'il n'y eût pas autour de la table la moindre robe de femme, un bout d'étoffe claire pour l'égayer, l'aspect n'en était pas monotone, grâce au disparate, à la bizarrerie des convives, des éléments de tous les mondes, des échantillons d'humanité détachés de toutes les races, en France, en Europe, dans l'univers entier, du haut en bas de l'échelle sociale. D'abord, le maître du logis, espèce de géant, — tanné, hâlé, safrané, la tête dans les épaules, — à qui son nez court et perdu dans la bouffissure du visage, ses cheveux crépus, massés comme un bonnet d'astrakan sur un front bas et têtu, ses sourcils en broussailles avec des yeux de chapard embusqué, donnaient l'aspect féroce d'un Kalmouck, d'un sauvage de frontières, vivant de guerre et de rapines. Heureusement le bas de la figure, la lèvre lippue et double, qu'un sourire adorable de bonté épanouissait, relevait, retournait tout à coup, tempérait d'une expression à la Saint Vincent de Paule cette laideur farouche, cette physionomie si originale qu'elle en oubliait d'être commune. Et pourtant l'extraction inférieure se trahissait d'autre façon par la voix, une voix de marinier du Rhône, éraillée et voilée, où l'accent méridional devenait plus grossier que dur, et deux mains élargies et courtes, phalanges velues, doigts carrés et sans ongles, qui, posées sur la blancheur de la nappe, parlaient de leur passé avec une éloquence gênante. En face, de l'autre côté de la table, dont il était un des commensaux habituels, se tenait le marquis de Monpavon, mais un Monpavon qui ne ressemblait en rien au spectre maquillé, aperçu plus haut, un homme superbe et sans âge, grand nez majestueux, prestance seigneuriale, étalant un large plastron de linge immaculé, qui craquait sous l'effort continu de la poitrine à se cambrer en avant, et se bombait chaque fois avec le bruit d'un dindon blanc qui se gonfle, ou d'un paon qui fait la roue. Son nom de Monpavon lui allait bien.

De grande famille, richement apparenté, mais ruiné par le jeu et les spéculations, l'amitié du duc de Mora lui avait valu une recette générale de première classe. Malheureusement sa santé ne lui avait pas permis de garder ce beau poste, — les gens bien informés disaient que sa santé n'y était pour rien, — et depuis un an il vivait à Paris, attendant d'être guéri, disait-il, pour reprendre sa position. Les mêmes gens assuraient qu'il ne la retrouverait jamais, et que même, sans de hautes protections... Du reste, le personnage important du déjeuner; cela se sentait à la façon dont les domestiques le servaient, dont le Nabab le consultait, l'appelant « monsieur le marquis, » comme à la Comédie-Française, moins encore par déférence que par fierté, pour l'honneur qui en rejaillissait sur lui-même. Plein de dédain pour l'entourage, M. le marquis parlait peu, de très haut, et comme en se penchant vers ceux qu'il honorait de sa conversation. De temps en temps, il jetait au Nabab, par dessus la table, quelques phrases énigmatiques pour tous.

« J'ai vu le duc hier... M'a beaucoup parlé de vous à propos de cette affaire... Vous savez, chose... machin... Comment donc ?

— Vraiment ?... Il vous a parlé de moi ? »
Et le bon Nabab, tout glorieux, regardait autour de lui avec des mouvements de tête tout à fait risibles, ou bien il prenait l'air recueilli d'une dévote entendant nommer Notre-Seigneur.

— Son Excellence vous verrait avec plaisir entrer dans la... ps... ps... ps... dans la chose.

— Elle vous l'a dit ?

— Demandez au gouverneur... l'a entendu comme moi. »

Celui qu'on appelait le gouverneur, Paganetti de son vrai nom, était un petit homme expressif, et gesticulant, fatiguant à regarder, tellement sa figure prenait d'aspects divers en une minute. Il dirigeait la *Caisse territoriale* de la Corse, une vaste entreprise financière, et venait dans la maison pour la première fois, amené par Monpavon; aussi occupait-il une place d'honneur. De l'autre côté du Nabab, un vieux, boutonné jusqu'au menton dans une redingote sans revers à collet droit comme une tunique orientale, la face tailladée de mille petites éraillures, une moustache blanche coupée militairement. C'était Brahim-Bey, le plus vaillant colonel de la régence de Tunis, aide de camp de l'ancien bey qui avait fait la fortune de Jansoulet. Les exploits glorieux de ce guerrier se montraient écrits en rides, en flétrissures de débauche, sur sa lèvre inférieure sans ressort, comme détendue, ses yeux sans cils, brûlés et rouges. Une de ces têtes qu'on voit au banc des accusés dans les affaires à huis clos. Les autres convives s'étaient assis pêle-mêle, au hasard de l'arrivée, de la rencontre, car le logis s'ouvrait à tout le monde, et le couvert était mis chaque matin pour trente personnes.

Il y avait là le directeur du théâtre que le Nabab commanditait, Cardailhac, renommé pour son esprit presque autant que pour ses faillites, ce merveilleux découpeur qui, tout en détachant les membres d'un perdreau, préparait un de ses bons mots et le déposait avec une aile dans l'assiette qu'on lui présentait. C'était un ciseleur plutôt qu'un improvisateur, et la nouvelle manière de servir les viandes, à la russe et préalablement découpées, lui avait été fatale en lui enlevant tout prétexte à un silence préparatoire. Aussi, disait-on généralement qu'il baissait. Parisien, d'ailleurs, dandy jusqu'au bout des ongles, et, comme il s'en vantait lui-même, « pas gros comme ça de superstition par tout le corps, » ce qui lui permettait de donner des détails très piquants sur les femmes de son théâtre à Brahim-Bey, qui l'écoutait comme on feuillette un mauvais livre, et de parler théologie au jeune prêtre son plus proche voisin, un curé de quelque petite bourgade méridionale, maigre et le teint brûlé comme le drap de sa soutane, avec les pommettes ardentes, le nez pointu tout en avant des ambitieux, et disant à Cardailhac, très haut, sur un ton de protection, d'autorité sacerdotale :

« Nous sommes très contents de M. Guizot... Il va bien, il va très bien... C'est une conquête pour l'Église. »

A côté de ce pontife au rabat ciré, le vieux Schwalbach, le fameux marchand de tableaux, montrait sa barbe de prophète, jaunie par places comme une toison malpropre, ses trois paletots aux tons moisis, toute cette tenue lâchée et négligente qu'on lui pardonnait au nom de l'art, et parce qu'il était de bon goût d'avoir chez soi, dans un temps où la manie des galeries remuait déjà des millions, l'homme le mieux placé pour ces transactions vaniteuses. Schwalbach ne parlait pas, se contentant de promener autour de lui son énorme monocle en forme de loupe et de sourire dans sa barbe devant les singuliers voisinages que faisait cette tablée unique au monde. C'est ainsi que M. de Monpavon avait tout près de lui — et il fallait voir comme la courbe dédaigneuse de son nez s'accentuait à chaque regard dans cette direction

— le chanteur Garrigou, un « pays » de Jansoulet, ventriloque distingué, qui chantait Figaro dans le patois du Midi et n'avait pas son pareil pour les imitations d'animaux. Un peu plus loin, Cabassu, un autre « pays, » petit homme court et trapu, au cou de taureau, aux biceps michelangesques, qui tenait à la fois du coiffeur marseillais et de l'hercule de foire, masseur, pédicure, manicure, et quelque peu dentiste, mettait ses deux coudes sur la table avec l'aplomb d'un charlatan qu'on reçoit le matin et qui sait les petites infirmités, les misères intimes de l'intérieur où il se trouve. M. Bompain complétait ce défilé des subalternes, classés du moins dans une spécialité, Bompain, le secrétaire, l'intendant, l'homme de confiance, entre les mains de qui toutes les affaires de la maison passaient; et il suffisait de voir cette attitude solennellement abrutie, cet air vague, ce fez turc posé maladroitement sur cette tête d'instituteur de village pour comprendre à quel personnage des intérêts comme ceux du Nabab avaient été abandonnés.

Enfin, pour remplir les vides parmi ces figures esquissées, la Turquerie! Des Tunisiens, des Marocains, des Égyptiens, des Levantins; et, mêlée à cet élément exotique, toute une bohème parisienne et multicolore de gentilshommes décavés, d'industriels louches, de journalistes vidés, d'inventeurs de produits bizarres, de gens du Midi débarqués sans un sou, tout ce que cette grande fortune attirait, comme la lumière d'un phare, de navires perdus à ravitailler, ou de bandes d'oiseaux tourbillonnant dans le noir. Le Nabab admettait ce ramassis à sa table par bonté, par générosité, par faiblesse, par une grande facilité de mœurs, jointe à une ignorance absolue, par un reste de ces mélancolies d'exilé, de ces besoins d'expansion qui lui faisaient accueillir, là-bas, à Tunis, dans son splendide palais du Bardo, tout ce qui débarquait de France, depuis le petit industriel exportant des articles de Paris, jusqu'au fameux pianiste en tournée, jusqu'au consul général.

En écoutant ces accents divers, ces intonations étrangères brusquées ou bredouillantes, en regardant ces physionomies si différentes, les unes violentes, barbares, vulgaires, d'autres extra-civilisées, fanées, boulevardières, comme blettes, les mêmes variétés, se trouvant dans le service, où des « larbins » sortis la veille de quelque bureau, l'air insolent, têtes de dentistes ou de garçons de bains, s'affairaient parmi des Éthiopiens immobiles et luisants comme des torchères de marbre noir, il était impossible de dire exactement où l'on se trouvait ; en tout cas, on ne se serait jamais cru place Vendôme, en plein cœur battant et centre de vie de notre Paris moderne. Sur la table, même dépaysement de mets exotiques, de sauces au safran ou aux anchois, d'épices compliquées, de friandises turques, de poulets aux amandes frites ; cela, joint à la banalité de l'intérieur, aux dorures de ses boiseries, au tintement criard des sonnettes neuves, donnait l'impression d'une table d'hôte de quelque grand hôtel de Smyrne ou de Calcutta, ou d'une luxueuse salle à manger du paquebot transatlantique, le *Péreire* ou le *Sinaï*.

Il semble que cette diversité de convives, — j'allais dire de passagers, — dût rendre le repas animé et bruyant. Loin de là. Ils mangeaient tous nerveusement, silencieusement, en s'observant du coin de l'œil, et même les plus mondains, ceux qui paraissaient le plus à l'aise, avaient dans le regard l'égarement et le trouble d'une pensée fixe, une fièvre anxieuse qui les faisaient parler sans répondre, écouter sans comprendre un mot de ce qu'on avait dit.

Tout à coup la porte de la salle à manger s'ouvrit :

« Ah ! voilà Jenkins, fit le Nabab tout joyeux... Salut, salut, docteur... Comment ça va, mon camarade ? »

Un sourire circulaire, une énergique poignée de main à l'amphitryon, et Jenkins s'assit en face de lui, à côté de Monpavon, devant le couvert qu'un domestique venait d'apporter en toute hâte et sans avoir reçu d'ordre, exactement comme à une table d'hôte. Au milieu de ces figures préoccupées et fiévreuses, au moins celle-là contrastait par sa bonne humeur, son épanouissement, cette bienveillance loquace et complimenteuse qui fait des Irlandais un peu les Gascons de l'Angleterre. Et quel robuste appétit, avec quel entrain, quelle liberté de conscience il manœuvrait, tout en parlant, sa double rangée de dents blanches :

« Eh bien ! Jansoulet, vous avez lu ?
— Quoi donc ?
— Comment ! vous ne savez pas ?... Vous n'avez pas lu ce que le *Messager* dit de vous ce matin ? »

Sous le hâle épais de ses joues, le Nabab rougit comme un enfant, et les yeux brillants de plaisir :

« C'est vrai ?... le *Messager* a parlé de moi ?
— Pendant deux colonnes... Comment Moëssard ne vous l'a-t-il pas montré ?
— Oh ! fit Moëssard modestement, cela ne valait pas la peine. »

C'était un petit journaliste, blondin et poupin, assez joli garçon, mais dont la figure présentait cette fanure particulière aux garçons de restaurants de nuit, aux comédiens et aux filles, faite de grimaces de convention et du reflet blafard du gaz. Il passait pour être l'amant gagé d'une reine exilée et très légère. Cela se chuchotait autour de lui, et lui faisait dans son monde une place enviée et méprisable.

Jansoulet insista pour lire l'article, impatient de savoir ce qu'on disait de lui. Malheureusement, Jenkins avait laissé son exemplaire chez le duc.

« Qu'on aille vite me chercher un *Messager*, dit le Nabab au domestique derrière lui. »

Moëssard intervint :

« C'est inutile, je dois avoir la chose sur moi. »

Et avec le sans-façon de l'habitué d'estaminet, du reporter qui griffonne son fait-divers en face d'une chope, le journaliste tira un portefeuille bourré de notes, papiers timbrés, découpures de journaux, billets satinés à devises, — qu'il éparpilla sur la table, en reculant son assiette pour chercher l'épreuve de son article.

« Voilà... » Il la passait à Jansoulet; mais Jenkins réclama :

— Non... non... lisez tout haut. »

L'assemblée faisant chorus, Moëssard reprit son épreuve et commença à lire à haute voix l'OEUVRE DE BETHLÉHEM et M. BERNARD JANSOULET, un long dithyrambe en faveur de l'allaitement artificiel, écrit sur des notes de Jenkins, reconnaissables à certaines phrases en baudruche que l'Irlandais affectionnait... le long martyrologe de l'enfance... le mercenariat du sein... La chèvre bienfaitrice et nourrice..., et finissant, après une pompeuse description du splendide établissement de Nanterre, par l'é-

loge de Jenkins et la glorification de Jansoulet :
« O Bernard Jansoulet, bienfaiteur de l'enfance!... »

Il fallait voir la mine vexée, scandalisée des convives. Quel intrigant que ce Moëssard!... Quelle impudente flagornerie!... Et le même sourire envieux, dédaigneux tordait toutes les bouches. Le diable, c'est qu'on était forcé d'applaudir, de paraître enchanté, le maître de maison n'ayant pas l'odorat blasé en fait d'encens et prenant tout très au sérieux, l'article et les bravos qu'il soulevait. Sa large face rayonnait pendant la lecture. Souvent, là-bas, au loin, il avait fait ce rêve d'être ainsi cantiqué dans les journaux parisiens, d'être quelqu'un au milieu de cette société, la première de toutes, sur laquelle le monde entier a les yeux fixés comme sur un porte-lumière. Maintenant ce rêve devenait réel. Il regardait tous ces gens attablés, cette desserte somptueuse, cette salle à manger lambrissée, aussi haute certainement que l'église de son village; il écoutait le bruit sourd de Paris roulant et piétinant sous ses fenêtres, avec le sentiment intime qu'il allait devenir un gros rouage de cette machine active et compliquée. Et alors, dans le bien-être du repas, entre les lignes de cette triomphante apologie, par un effet de contraste, il voyait se dérouler sa propre existence, son enfance misérable, sa jeunesse aventureuse et tout aussi triste, les jours sans pain, les nuits sans asile. Puis tout à coup, la lecture finie, au milieu d'un débordement de joie, d'une de ces effusions méridionales qui forcent à penser tout haut, il s'écria, en avançant vers ses convives son sourire franc et lippu :

« Ah ! mes amis, mes chers amis, si vous saviez comme je suis heureux, quel orgueil j'éprouve ! »

Il n'y avait guère que six semaines qu'il était débarqué. A part deux ou trois compatriotes, il connaissait à peine de la veille et pour leur avoir prêté de l'argent ceux qu'il appelait ses amis. Aussi cette subite expansion parut assez extraordinaire ; mais Jansoulet, trop ému pour rien observer, continua :

« Après ce que je viens d'entendre, quand je me vois là dans ce grand Paris, entouré de tout ce qu'il contient de noms illustres, d'esprits distingués, et puis que je me souviens de l'échoppe paternelle! Car je suis né dans une échoppe... Mon père vendait des vieux clous au coin d'une borne, au Bourg-Saint-Andéol. C'est à peine si nous avions du pain chez nous tous les jours et du fricot tous les dimanches. Demandez à Cabassu. Il m'a connu dans ce temps-là. Il peut dire si je mens... Oh ! oui, j'en ai fait de la misère. — Il releva la tête avec un sursaut d'orgueil en humant le goût des truffes répandu dans l'air étouffé. — J'en ai fait, et de la vraie, et pendant longtemps. J'ai eu froid, j'ai eu faim, mais la grande faim, vous savez, celle qui soûle, qui tord l'estomac, vous fait des ronds dans la tête, vous empêche d'y voir comme si on vous vidait l'intérieur des yeux avec un couteau à huîtres. J'ai passé des journées au lit faute d'un paletot pour sortir; heureux encore quand j'avais un lit, ce qui manquait quelquefois. J'ai demandé mon pain à tous les métiers; et ce pain m'a coûté tant de mal, il était si noir, si coriace que j'en ai encore un goût amer et moisi dans la bouche. Et comme ça jusqu'à trente ans. Oui, mes amis, à trente ans — et je n'en ai pas cinquante — j'étais encore un gueux, sans un sou, sans avenir, avec le remords de la pauvre maman devenue veuve qui crevait de faim là-bas dans son échoppe et à qui je ne pouvais rien donner. »

Les physionomies des gens étaient curieuses autour de cet amphytrion racontant son histoire des mauvais jours. Quelques-uns paraissaient choqués, Monpavon surtout. Cet étalage de guenilles était pour lui d'un goût exécrable, un manque absolu de tenue. Cardailhac, ce sceptique et ce délicat, ennemi des scènes d'attendrissement, le visage fixe et comme hypnotisé, découpait un fruit au bout de sa fourchette en lamelles aussi fines que des papiers à cigarettes. Le gouverneur avait au contraire une mimique platement admirative, des exclamations de stupeur, d'apitoiement; pendant que, non loin, comme un contraste singulier, Brahim-Bey, le foudre de guerre, chez qui cette lecture suivie d'une conférence après un repas copieux avait déterminé un sommeil réparateur, dormait la bouche en rond dans sa moustache blanche, la face congestionnée par son hausse-col qui remontait. Mais l'expression la plus générale, c'était l'indifférence et l'ennui. Qu'est-ce que cela pouvait leur faire, je vous le demande, l'enfance de Jansoulet au Bourg-Saint-Andéol, ce qu'il avait souffert, comment il avait trimé? Ce n'est pas pour ces sornettes-là qu'ils étaient venus. Aussi des airs faussement intéressés, des regards qui comptaient les oves du plafond ou les miettes de pain de la nappe, des bouches serrées pour retenir un bâillement, trahissaient l'impatience générale causée par cette histoire intempestive. Et lui ne se lassait pas. Il se plaisait dans le récit de ses souffrances passées, comme le marin à l'abri se rappelant ses courses sur les mers lointaines, et les dangers, et les grands naufrages. Venait ensuite l'histoire de sa chance, le prodigieux hasard qui l'avait mis tout à coup sur le chemin de la fortune. « J'errais sur le port de Marseille, avec un camarade aussi pouilleux que moi, qui s'est enrichi chez le bey, lui aussi, et, après avoir été mon copain, mon associé, est devenu mon plus cruel ennemi. Je peux bien vous dire son nom, pardi! Il est assez connu... Hemerlingue... Oui, Messieurs, le chef de la grande maison de banque « Hemerlingue et fils » n'avait pas, en ce temps-là, de quoi seulement se payer deux sous de *clauvisses*, sur le quai... Grisés par l'air voyageur qu'il y a là-bas, la pensée nous vint de partir, d'aller chercher notre vie dans quelque pays de soleil, puisque les pays de brume nous étaient si durs... Mais où aller? Nous fîmes ce que font parfois les matelots pour savoir dans quel bouge manger leur paie. On colle un bout de papier sur le bord de son chapeau. On fait tourner le chapeau sur une canne; quand il s'arrête, on prend le point... Pour nous, l'aiguille en papier marquait Tunis... Huit jours après, je débarquais à Tunis avec un demi-louis dans ma poche, et j'en reviens aujourd'hui avec vingt-cinq millions... »

Il y eut une commotion électrique autour de la table, un éclair dans tous les yeux, même dans ceux des domestiques. Cardailhac dit : « Mazette! » Le nez de Monpavon s'humanisa.

« Oui, mes enfants, vingt-cinq millions liquides, sans parler de tout ce que j'ai laissé à Tunis, de mes deux palais du Bardo, de mes navires dans le port de la Goulette, de mes diamants, de mes pierreries, qui valent certainement plus du double. Et vous savez, ajouta-t-il avec son bon sourire, sa voix éraillée et canaille, quand il n'y en aura plus, il y en aura encore. »

Toute la table se leva, galvanisée.

« Bravo... Ah! bravo...

— Superbe.

— Très chic... très chic...

— Ça c'est envoyé.

— Un homme comme celui-là devrait être à la Chambre.

— Il y sera, per Bacco, j'en réponds, » dit le gouverneur d'une voix éclatante; et, dans un transport d'admiration, ne sachant comment prouver son enthousiasme, il prit la grosse main velue du Nabab et la porta à ses lèvres par un mouvement irréfléchi. Ils sont démonstratifs dans ce pays-là... Tout le monde était debout; on ne se rassit pas.

Jansoulet, rayonnant, s'était levé à son tour et jetant sa serviette :

« Allons prendre le café... »

Aussitôt un tumulte joyeux se répandit dans les salons, vastes pièces dont l'or composait à lui seul la lumière, l'ornementation, la somptuosité. Il tombait du plafond en rayons aveuglants, suintait des murs en filets, croisillons, encadrements de toute sorte. On en gardait un peu aux mains lorsqu'on roulait un meuble ou qu'on ouvrait une fenêtre ; et les tentures elles-mêmes, trempées dans ce Pactole, conservaient sur leurs plis droits la raideur, le scintillement d'un métal. Mais rien de personnel, d'intime, de cherché. Le luxe uniforme de l'appartement garni. Et ce qui ajoutait à cette impression de camp volant, d'installation provisoire, c'était l'idée de voyage planant sur cette fortune aux sources lointaines, comme une incertitude ou une menace.

Le café servi à l'orientale, avec tout son marc, dans de petites tasses filigranées d'argent, les convives se groupèrent autour, se hâtant de boire, s'échaudant, se surveillant du regard, guettant surtout le Nabab et l'instant favorable pour lui sauter dessus, l'entraîner dans un coin de ces immenses pièces et négocier enfin leur emprunt. Car voilà ce qu'ils attendaient depuis deux heures, voilà l'objet de leur visite et l'idée fixe qui leur donnait, pendant le repas, cet air égaré, faussement attentif. Mais ici plus de gêne, plus de grimace. Cela se sait dans ce singulier monde qu'au milieu de la vie encombrée du Nabab l'heure du café reste la seule libre pour les audiences confidentielles, et chacun voulant en profiter, tous venus là pour arracher une poignée à cette toison d'or qui s'offre d'elle-même avec tant de bonhomie, on ne cause plus, on n'écoute plus, on est tout à son affaire.

C'est le bon Jenkins qui commence. Il a pris son ami Jansoulet dans une embrasure et lui soumet les devis de la maison de Nanterre. Une grosse acquisition, fichtre ! Cent cinquante mille francs d'achat, puis des frais considérables d'installation, le personnel, la literie, les chèvres nourricières, la voiture du directeur, les omnibus allant chercher les enfants à chaque train... Beaucoup d'argent... Mais comme ils seront bien là, ces chers petits êtres; quel service rendu à Paris, à l'humanité! Le gouvernement ne peut pas manquer de récompenser d'un bout de ruban rouge un dévouement philanthropique aussi désintéressé. « La croix, le 15 août... » avec ces mots magiques, Jenkins aura tout ce qu'il veut. De sa voix joyeuse et grasse, qui semble toujours héler un canot dans le brouillard, le Nabab appelle : « Bompain. » L'homme au fez, s'arrachant à la cave aux liqueurs, traverse le salon majestueusement, chuchote, s'éloigne et revient avec un encrier et un cahier à souches dont les feuilles se détachent, s'envolent toutes seules. Belle chose que la richesse! Signer sur son genou un chèque de deux cent mille francs ne coûte pas plus à Jansoulet que de tirer un louis de sa poche.

Furieux, le nez dans leur tasse, les autres guettent de loin cette petite scène. Puis, lorsque Jenkins s'en va, léger, souriant, saluant d'un geste les différents groupes, Monpavon saisit le gouverneur : « A nous. » Et tous deux, s'élançant sur le Nabab, l'entraînent vers un divan, l'asseyent de force, le serrent entre eux avec un petit rire féroce qui semble signifier : « Qu'est-ce que nous allons lui faire? » Lui tirer de l'argent, le plus d'argent possible. Il en faut, pour remettre à flot la *Caisse territoriale*, ensablée depuis des années, enlisée jusqu'en haut de sa mature... Une opération superbe, ce renflouement, s'il faut en croire ces messieurs; car la caisse submergée est remplie de lingots, de matières précieuses, des mille richesses variées d'un pays neuf dont tout le monde parle et que personne ne connaît. En fondant cet établissement sans pareil, Paganetti de Porto-Vecchio a eu pour but de monopoliser l'exploitation de toute la Corse : mines de fer, de soufre, de cuivre, carrières de marbre, corailleries, huîtrières, eaux ferrugineuses, sulfureuses, immenses forêts de thuyas, de chênes-liège, et d'établir pour faciliter cette exploitation, un réseau de chemins de fer à travers l'île, plus un service de paquebots. Telle est l'œuvre gigantesque à laquelle il s'est attelé. Il y a englouti des capitaux considérables, et c'est le nouveau venu, l'ouvrier de la dernière heure, qui bénéficiera de tout.

Pendant qu'avec son accent italien, des gestes effrénés, le Corse énumère les « splendeurs » de l'affaire, Monpavon, hautain et digne, approuve de la tête avec conviction, et de temps en temps, quand il juge le moment convenable, jette dans la conversation le nom du duc de Mora, qui fait toujours son effet sur le Nabab.

« Enfin, qu'est-ce qu'il faudrait ?

— Des millions, » dit Monpavon fièrement, du ton d'un homme qui n'est pas embarrassé pour s'adresser ailleurs. Oui, des millions. Mais l'affaire est magnifique. Et, comme disait Son Excellence, il y aurait là pour un capitaliste une haute situation à prendre, même une situation politique. Pensez donc ! dans ce pays sans numéraire. On pouvait devenir conseiller général, député... Le Nabab tressaille... Et le petit Paganetti, qui sent l'appât frémir sur son hameçon : « Oui, député, vous le serez quand je voudrai... Sur un signe de moi, toute la Corse est à votre dévotion... » Puis il se lance dans une improvisation étourdissante, comptant les voix dont il dispose, les cantons qui se lèveront à son appel. « Vous m'apportez vos capitaux... moi zé vous donne tout oun pople. » L'affaire est enlevée.

« Bompain... Bompain... » appelle le Nabab enthousiasmé. Il n'a plus qu'une peur, c'est que la chose lui échappe ; et pour engager Paganetti, qui n'a pas caché ses besoins d'argent, il se hâte d'opérer un premier versement à la *Caisse territoriale*. Nouvelle apparition de l'homme en calotte rouge avec le livre de souches qu'il presse contre sa poitrine gravement, comme un enfant de chœur changeant l'évangile de côté. Nouvelle apposition de la signature de Jansoulet sur un feuillet, que le gouverneur enfourne d'un air négligent et qui opère sur sa personne une subite transformation. Le Paganetti, si humble, si plat tout à l'heure, s'éloigne avec l'aplomb d'un homme équilibré de quatre cent mille francs, tandis que Monpavon, portant plus haut encore que d'habitude, le suit dans ses pas et le couve d'une sollicitude plus que paternelle.

« Voilà une bonne affaire de faite, se dit le Nabab, je vais pouvoir prendre mon café. » Mais dix emprunteurs l'attendent au passage. Le plus prompt, le plus adroit, c'est Cardailhac, le directeur, qui le happe et l'emporte dans un salon à l'écart : « Causons un peu, mon bon. Il faut que je vous expose la situation de notre théâtre. » Très compliquée, sans doute, la situation ; car voici de nouveau M. Bompain qui s'avance et des feuilles qui s'envolent du cahier de papier azur... A qui le tour maintenant ? C'est le journaliste Moëssard qui vient se faire payer l'article du *Messager* ; le Nabab saura ce qu'il en coûte pour se faire appeler « bienfaiteur de l'enfance » dans les journaux du matin. C'est le curé de province qui demande des fonds pour reconstruire son église, et prend les chèques d'assaut avec la brutalité d'un Pierre l'Ermite. C'est le vieux Schwalbach s'approchant, le nez dans sa barbe, clignant de l'œil d'un air mystérieux. « Chut !... il a drufé une berle » pour la galerie de monsieur, un Hobbéma qui vient de la collection du duc de Mora. Mais ils sont plusieurs à le guigner. Ce sera difficile. « Je le veux à tout prix, dit le Nabab amorcé par le nom de Mora... Entendez-vous, Schwalbach. Il me faut ce *Nobbéma*... Vingt mille francs pour vous si vous le décrochez.

— J'y ferai mon possible, monsieur Jansoulet. »

Et le vieux coquin calcule, tout en s'en retournant que les vingt mille du Nabab ajoutés aux dix mille que le duc lui a promis, s'il le débarrasse de son tableau, lui feront un assez joli bénéfice.

Pendant que ces heureux défilent, d'autres surveillent à l'entour, enragés d'impatience, rongeant leurs ongles jusqu'aux phalanges; car tous sont venus dans la même intention. Depuis le bon Jenkins, qui a ouvert la marche, jusqu'au masseur Cabassu, qui la ferme, tous ramènent le Nabab dans un salon écarté. Mais si loin qu'ils l'entraînent dans cette galerie de pièces de réception, il se trouve quelque glace indiscrète pour refléter la silhouette du maître de la maison et la mimique de son large dos. Ce dos est d'une éloquence! Par moments, il se redresse indigné. « Oh! non... c'est trop. » Ou bien il s'affaisse avec une résignation comique : « Allons, puisqu'il le faut. » Et toujours le fez de Bompain dans quelque coin du paysage...

Quand ceux-là ont fini, il en arrive encore; c'est le fretin qui vient à la suite des gros mangeurs dans les chasses féroces des rivières. Il y a un va-et-vient continuel à travers ces beaux salons blanc et or, un bruit de portes, un courant établi d'exploitation effrontée et banale attiré des quatre coins de Paris et de la banlieue par cette gigantesque fortune et cette incroyable facilité.

Pour ces petites sommes, cette distribution permanente, on n'avait pas recours au livre à souches. Le Nabab gardait à cet effet, dans un de ses salons, une commode en bois d'acajou, horrible petit meuble représentant des économies de concierge, le premier que Jansoulet eût acheté lorsqu'il avait pu renoncer aux garnis, qu'il conservait depuis, comme un fétiche de joueur, et dont les trois tiroirs contenaient toujours deux cent mille francs en monnaie courante. C'est à cette ressource constante qu'il avait recours les jours de grandes audiences, mettant une certaine ostentation à remuer l'or, l'argent, à pleines mains brutales, à l'engloutir au fond de ses poches pour le tirer de là avec un geste de marchand de bœufs, une certaine façon canaille de relever les pans de sa redingote, et d'envoyer sa main « à fond et dans le tas. » Aujourd'hui, les tiroirs de la petite commode doivent avoir une terrible brèche...

Après tant de chuchotements mystérieux, de demandes plus ou moins nettement formulées, d'entrées fortuites, de sorties triomphantes, le dernier client expédié, la commode refermée à clef, l'appartement de la place Vendôme se désemplissait sous le jour douteux de quatre heures, cette fin des journées de novembre si longuement prolongées ensuite aux lumières. Les domestiques desservaient le café, le raki, emportaient les boîtes à cigares ouvertes et à moitié vides. Le Nabab se croyant seul, eut un soupir de soulagement : « Ouf!.., c'est fini... » Mais non. En face de lui, quelqu'un se détache d'un angle déjà obscur et s'approche une lettre à la main.

Encore !

Et tout de suite, machinalement, le pauvre homme fit son geste éloquent de maquignon. Instinctivement aussi, le visiteur eut un mouvement de recul si prompt, si offensé, que le Nabab comprit qu'il se méprenait et se donna la peine de regarder le jeune homme qui se présentait devant lui, simplement mais correctement vêtu, le teint mat, sans le moindre frisson de barbe, les traits réguliers, peut-être un peu trop sérieux et fermés pour son âge, ce qui, avec ses cheveux d'un blond pâle, frisés par petites boucles comme une perruque poudrée, lui donnait l'aspect d'un jeune député du tiers sous Louis XVI, la tête d'un Barnave à vingt ans. Cette physionomie, quoique le Nabab la vît pour la première fois, ne lui était pas absolument inconnue.

« Que désirez-vous, Monsieur ? »

Prenant la lettre que le jeune homme lui offrait, il s'approcha d'une fenêtre pour la lire.

« Té!... C'est de maman... »

Il dit cela d'un air si heureux, ce mot de « maman » illumina toute sa figure d'un sourire si jeune, si bon, que le visiteur, d'abord repoussé par l'aspect vulgaire de ce parvenu, se sentit plein de sympathie pour lui.

A demi-voix, le Nabab lisait ces quelques lignes d'une grosse écriture incorrecte et tremblée, qui contrastait avec le grand papier satiné, ayant pour en-tête : « Château de Saint Romans. »

« Mon cher fils, cette lettre te sera remise par l'aîné des enfants de M. de Géry, l'ancien juge de paix du Bourg-Saint-Andéol, qui s'est montré si bon pour nous... »

Le Nabab s'interrompit :

« J'aurais dû vous reconnaître, monsieur de Géry... Vous ressemblez à votre père... Asseyez-vous, je vous en prie. »

Puis il acheva de parcourir la lettre. Sa mère ne lui demandait rien de précis, mais, au nom des services que la famille de Géry leur avait rendus autrefois, elle lui recommandait M. Paul. Orphelin, chargé de ses deux jeunes frères, il s'était fait recevoir avocat dans le Midi et venait à Paris chercher fortune. Elle suppliait Jansoulet de l'aider, « car il en avait bien besoin, le pauvre. » Et elle signait : « Ta mère qui se languit de toi, Françoise. »

Cette lettre de sa mère, qu'il n'avait pas vue depuis six ans, ces expressions méridionales où il trouvait des intonations connues, cette grosse écriture qui dessinait pour lui un visage adoré, tout ridé, brûlé, crevassé, mais riant sous une coiffe de paysanne, avaient ému le Nabab. Depuis six semaines qu'il était en France, perdu dans le tourbillon de Paris, de son installation, il n'avait pas encore pensé à sa chère vieille; et maintenant il la revoyait toute dans ces lignes. Il resta un moment à regarder la lettre, qui tremblait entre ses gros doigts...

Puis, cette émotion passée :

« Monsieur de Géry, dit-il, je suis heureux de l'occasion qui va me permettre de vous rendre un peu des bontés que les vôtres ont eu pour les miens... Dès aujourd'hui, si vous y consentez, je vous prends avec moi... Vous êtes instruit, vous semblez intelligent, vous pouvez me rendre de grands services... J'ai mille projets, mille affaires. On me mêle à une foule de grosses entreprises industrielles... Il me faut quelqu'un qui m'aide, qui me supplée au besoin... J'ai bien un secrétaire, un intendant, ce brave Bompain; mais le malheureux ne connaît rien de Paris, il est comme ahuri depuis son arrivée... Vous me direz que vous tombez de votre province, vous aussi... Mais ça ne fait rien... Bien élevé comme vous l'êtes, Méridional, alerte et souple, ça se prend vite le courant du boulevard... D'ailleurs je me charge de faire votre éducation à ce point de vue-là. Dans quelques semaines vous aurez, j'en réponds, le pied aussi parisien que moi. »

Pauvre homme. C'était attendrissant de l'entendre parler de son pied *parisien* et de son expérience, lui qui devait en être toujours à ses débuts.

« ... Voilà qui est entendu, n'est-ce pas?... Je vous prends comme secrétaire... Vous aurez un appointement fixe que nous allons régler tout à l'heure; et je vous fournirai l'occasion de faire votre fortune rapidement... »

Et comme de Géry, tiré subitement de toutes ses incertitudes d'arrivant, de solliciteur, de néophyte, ne bougeait pas de peur de s'éveiller d'un rêve :

« Maintenant, lui dit le Nabab d'une voix douce, asseyez-vous là, près de moi, et parlons un peu de maman. »

III

MÉMOIRES D'UN GARÇON DE BUREAU.
SIMPLE COUP D'ŒIL
JETÉ SUR LA CAISSE TERRITORIALE.

Je venais d'achever mon humble collation du matin, et de serrer selon mon habitude le restant de mes petites provisions dans le coffre-fort de la salle du conseil, un magnifique coffre-fort à secret, qui me sert de garde-manger depuis bientôt quatre ans que je suis à la *Territoriale*; soudain, le gouverneur entre dans les bureaux, tout rouge, les yeux allumés comme au sortir d'une bombance, respire bruyamment, et me dit en termes grossiers, avec son accent d'Italie :

« Mais ça empeste ici, *Moussiou* Passajon. »

Ça n'empestait pas, si vous voulez. Seulement, le dirai-je? J'avais fait revenir quelques oignons, pour mettre autour d'un morceau de jarret de veau, que m'avait descendu mademoiselle Séraphine, la cuisinière du second, dont j'écris la dépense tous les soirs. J'ai voulu expliquer la chose au gouverneur; mais il s'est mis furieux, disant par sa raison qu'il n'y avait point de bon sens d'empoisonner des bureaux de cette manière, et que ce n'était pas la peine d'avoir un local de douze mille francs de loyer, avec huit fenêtres de façade en plein boulevard Malesherbes, pour y faire roussir des oignons. Je ne sais pas tout ce qu'il ne m'a pas dit, dans son effervescence. Moi, naturellement, je me suis vexé de m'entendre parler sur ce ton insolent. C'est bien le moins qu'on soit poli avec les gens qu'on ne paie pas, que diantre! Alors, je lui ai répondu que c'était bien fâcheux, en effet; mais que si la *Caisse territoriale* me réglait ce qu'elle me doit, assavoir quatre ans d'appointements arriérés, plus sept mille francs d'avances personnelles par moi faites au gouverneur pour frais de voitures, journaux, cigares et grogs américains, les jours de conseil, — je m'en irais manger honnêtement à la gargote prochaine et je ne serais pas réduit à faire cuire dans la salle de nos séances un malheureux fricot dû à la commisération publique des cuisinières. Attrape...

En parlant ainsi, j'avais cédé à un mouvement d'indignation bien excusable aux yeux de toute personne quelconque connaissant ma situation ici. Encore n'avais-je rien dit de malséant, et m'étais-je tenu dans les bornes d'un langage conforme à mon âge et à mon éducation. (Je dois avoir consigné quelque part dans ces mémoires que, sur mes soixante-cinq ans révolus, j'en avais passé plus de trente comme appariteur à la Faculté des lettres de Dijon. De là mon goût pour les rapports, les mémoires et ces notions de style académique dont on trouvera la trace en maint endroit de cette élucubration.) Je m'étais donc exprimé vis-à-vis du gouverneur avec la plus grande réserve, sans employer aucune de ces injures dont tout chacun ici l'abreuve à la journée, depuis nos deux censeurs, M. de Monpavon, qui toutes les fois qu'il vient l'appelle en riant « Fleur-de-Mazas, » et M. de Bois-l'Héry, du cercle des Trompettes, grossier comme un palefrenier, qui lui dit toujours pour adieu : « A ton bois de lit, punaise ! » jusqu'à notre caissier, que j'ai entendu lui répéter cent fois en tapant sur son grand livre : « qu'il a là de quoi le faire fiche aux galères quand il voudra. » Eh bien ! c'est égal, ma simple observation a produit sur lui un effet extraordinaire. Le tour de ses yeux est devenu tout jaune, et il a proféré ces paroles en tremblant de colère, une de ces mauvaises colères de son pays : « Passajon, vous êtes un goujat... Un mot de plus et je vous chasse. » J'en suis resté cloué de stupeur. Me chasser, moi ! et mes quatre ans d'arriéré, et mes sept mille francs d'avances ?... Comme s'il lisait couramment mon idée, le gouverneur m'a répondu que tous les comptes allaient être réglés, y compris le mien. « Du reste, a-t-il ajouté, faites venir ces messieurs dans mon cabinet. J'ai une grande nouvelle à leur apprendre. » Là-dessus, il est entré chez lui en claquant les portes.

Ce diable d'homme. On a beau le connaître à fond, savoir comme il est menteur, comédien, il s'arrange toujours pour vous retourner avec ses histoires... Mon compte, à moi !... à moi !... J'en étais si ému que mes jambes se dérobaient pendant que j'allais prévenir le personnel.

Réglementairement, nous sommes douze employés à la *Caisse territoriale*, y compris le gouverneur, et le beau Moëssard, directeur de la *Vérité financière*; mais il y en a plus de la moitié qui manque. D'abord, depuis que la *Vérité* ne paraît plus — voilà deux ans de ça — M. Moëssard n'a pas remis une fois les pieds chez nous. Il paraît qu'il est dans les honneurs, dans les richesses, qu'il a pour bonne amie une reine, une vraie reine, qui lui donne autant d'argent qu'il veut... Oh ! ce Paris, quelle Babylone... Les autres viennent de temps en temps s'informer s'il n'y a pas par hasard du nouveau à la caisse; et, comme il n'y en a jamais, on reste des semaines sans les voir. Quatre ou cinq fidèles, tous des pauvres vieux comme moi, s'entêtent à paraître régulièrement tous les matins à la même heure, par habitude, par désœuvrement, embarras de savoir que devenir; seulement chacun s'occupe de choses tout à fait étrangères au bureau. Il faut vivre, écoutez donc! Et puis on ne peut pas passer sa journée à se traîner de fauteuil en fauteuil, de fenêtre en fenêtre, pour regarder au dehors (huit fenêtres de façade sur le boulevard). Alors on tâche de travailler comme on peut. Moi, n'est-ce pas, je tiens les écritures de Mademoiselle Séraphine et d'une autre cuisinière de la maison. Puis j'écris mes mémoires, ce qui me prend encore pas mal de temps. Notre garçon de recette, — en voilà un qui n'a pas grande besogne chez nous, — fait du filet pour une maison d'ustensiles de pêche. De nos deux expéditionnaires, l'un, qui a une belle main, copie des pièces pour une agence dramatique; l'autre invente des petits jouets d'un sou que les camelots vendent au coin des rues au moment du jour de l'an, et trouve moyen avec cela de s'empêcher de mourir de faim tout le reste de l'année. Il n'y a que notre caissier qui ne travaille pas pour le dehors. Il se croirait perdu d'honneur. C'est un

homme très fier, qui ne se plaint jamais, et
dont la seule crainte est d'avoir l'air de manquer de linge. Fermé à clef dans son bureau,
il s'occupe du matin au soir à fabriquer des
devants de chemise, des cols et des manchettes
en papier. Il est arrivé à y être d'une très
grande adresse, et son linge toujours éblouissant fait illusion, sinon qu'au moindre mouvement, quand il marche, quand il s'assied, ça
craque sur lui comme s'il avait une boîte en
carton dans l'estomac. Malheureusement tout
ce papier ne le nourrit pas; et il est maigre, il
vous a une mine, on se demande de quoi il
peut vivre. Entre nous, je le soupçonne de faire
quelquefois une visite à mon garde-manger.
Cela lui est facile; car, en qualité de caissier,
il a le « mot » qui ouvre le coffre à secret, et
je crois que, quand j'ai le dos tourné, il fourrage un peu dans mes nourritures.

Voilà certainement un intérieur de maison
de banque bien extraordinaire, bien incroyable. C'est pourtant la vérité pure que je raconte, et Paris est plein d'institutions financières du genre de la nôtre. Ah! si jamais je
publie mes mémoires... Mais reprenons le fil
interrompu de mon récit.

En nous voyant tous réunis dans son cabinet,
le directeur nous a dit avec solennité :

« Messieurs et chers camarades, le temps des
épreuves est fini... La Caisse territoriale inau-

gure une nouvelle phase. » Sur ce, il s'est mis à nous parler d'une superbe *combinazione*, — c'est son mot favori, et il le dit d'une façon insinuante, — une *combinazione* dans laquelle entrait ce fameux Nabab, dont parlent tous les journaux. La *Caisse territoriale* allait donc pouvoir s'acquitter envers les serviteurs fidèles, reconnaître les dévouements, se défaire des inutilités. Ceci pour moi, j'imagine. Et enfin : « Préparez vos notes... Tous les comptes seront soldés dès demain. » Par malheur, il nous a si souvent bercés de paroles mensongères, que l'effet de son discours a été perdu. Autrefois, ces belles promesses prenaient toujours. A l'annonce d'une nouvelle *combinazione*, on sautait, on pleurait de joie dans les bureaux, on s'embrassait comme des naufragés apercevant une voile.

Chacun préparait sa note pour le lendemain, comme il nous l'avait dit. Mais le lendemain, pas de gouverneur. Le surlendemain, encore personne. Il était allé faire un petit voyage.

Enfin, quand on se trouvait tous là, exaspérés, tirant la langue, enragés de cette eau qu'il vous avait fait venir à la bouche, le gouverneur arrivait, se laissait choir dans un fauteuil, la tête dans ses mains, et, avant qu'on eût pu lui parler : « Tuez-moi, disait-il, tuez-moi. Je suis un misérable imposteur... La *combinazione* a manqué... Elle a manqué, *pechero !* la *combina-*

zione. » Et il criait, sanglotait, se jetait à genoux, s'arrachait les cheveux par poignées, se roulait sur le tapis; il nous appelait tous par nos petits noms, nous suppliait de prendre ses jours, parlait de sa femme et de ses enfants dont il avait consommé la ruine. Et personne de nous n'avait la force de réclamer devant un désespoir pareil. Que dis-je? On finissait par s'attendrir avec lui. Non, depuis qu'il y a des théâtres, jamais il ne s'est vu un comédien de cette force. Seulement aujourd'hui c'est fini, la confiance est perdue. Qand il a été parti, tout le monde a levé les épaules. Je dois avouer pourtant qu'un moment j'avais été ébranlé. Cet aplomb de me donner mon compte, puis le nom du Nabab, cet homme si riche...

« Vous croyez ça, vous? m'a dit le caissier... Vous serez donc toujours aussi naïf, mon pauvre Passajon... Soyez tranquille, allez! Il en sera du Nabab, comme de la reine à Moëssard. »

Et il est retourné fabriquer ses devants de chemise.

Ce qu'il disait là se rapportait au temps où Moëssard faisait la cour à sa reine et où il avait promis au gouverneur, qu'en cas de réussite, il engagerait Sa Majesté à mettre des fonds dans notre entreprise. Au bureau, nous étions tous informés de cette nouvelle affaire, et très intéressés, vous pensez bien, à ce qu'elle réussit vite, puisqu'il y avait notre argent au bout. Pendant deux mois, cette histoire nous tint tous en haleine. On s'inquiétait, on épiait la figure de Moëssard, on trouvait que la dame y mettait bien des façons; et notre vieux caissier, avec son air fier et sérieux, quand on l'interrogeait là-dessus, répondait gravement derrière son grillage : « Rien de nouveau, » ou bien : « L'affaire est en bonne voie. » Alors, tout le monde était content, l'on se disait des uns aux autres : « Ça marche... ça marche... » comme s'il s'agissait d'une entreprise ordinaire... Non, vrai, il n'y a qu'un Paris, où l'on puisse voir des choses semblables... Positivement, la tête vous en tourne quelquefois... En définitive, Moëssard, un beau matin, cessa de venir au bureau. Il avait réussi, paraît-il; mais la *Caisse territoriale* ne lui avait pas semblé un placement assez avantageux pour l'argent de sa bonne amie. Est-ce honnête, voyons?

D'ailleurs, le sentiment de l'honnêteté se perd si aisément que c'est à ne pas le croire. Quand je pense que moi, Passajon, avec mes cheveux blancs, mon air vénérable, mon passé si pur, — trente ans de services académiques, — je me suis habitué à vivre comme un poisson dans l'eau, au milieu de ces infamies, de ces tripotages! C'est à se demander ce que je fais ici, pourquoi j'y reste, comment j'y suis venu.

Comment j'y suis venu? Oh! mon Dieu, bien simplement. Il y a quatre ans, ma femme étant morte, mes enfants mariés, je venais de prendre ma retraite de garçon de salle à la Faculté, lorsqu'une annonce de journal me tomba incidemment sous les yeux : « On demande un garçon de bureau d'un certain âge à la *Caisse territoriale*, 56, boulevard Malesherbes. Bonnes références. » Faisons-en l'aveu tout d'abord. La Babylone moderne m'avait toujours tenté. Puis, je me sentais encore vert, je voyais devant moi dix bonnes années pendant lesquelles je pourrais gagner un peu d'argent, beaucoup peut-être, en plaçant mes économies dans la maison de banque où j'entrerais. J'écrivis donc en envoyant ma photographie, celle de chez Crespon, de la place du Marché, où je suis représenté le menton bien rasé, l'œil vif sous mes gros sourcils blancs, avec ma chaîne d'acier au cou, mon ruban d'officier d'académie, « l'air d'un père conscrit sur sa chaise curule! » comme disait notre doyen, M. Chalmette. (Il prétendait encore que je ressemblais beaucoup à feu Louis XVIII; moins fort cependant.)

Je fournis aussi les meilleures références, les apostilles les plus flatteuses de ces messieurs de la Faculté. Courrier par courrier, le gouverneur me répondit que ma figure lui convenait, — je crois bien, parbleu! c'est une amorce pour l'actionnaire, qu'une antichambre gardée par un visage imposant comme le mien, — et que je pouvais arriver quand je voudrais. J'aurais dû, me direz-vous, prendre mes renseignements, moi aussi. Eh! sans doute. Mais j'en avais tant à fournir sur moi-même, que la pensée ne me vint pas de leur en demander sur eux. Comment se méfier, d'ailleurs, en voyant cette installation admirable, ces hauts plafonds, ces coffres-forts, grands comme des armoires, et ces glaces où l'on se voit de la tête aux genoux. Puis ces prospectus ronflants, ces millions que j'entendais passer dans l'air, ces entreprises colossales à bénéfices fabuleux. Je fus ébloui, fasciné... Il faut dire aussi, qu'à l'époque, la maison avait une autre mine qu'aujourd'hui. Certainement, les affaires allaient déjà mal, — elles sont toujours allées mal, nos affaires, — le journal ne paraissait plus que d'une façon irrégulière. Mais une petite *combinazione* du gouverneur lui permettait de sauver les apparences.

Il avait eu l'idée, figurez-vous, d'ouvrir une souscription patriotique pour élever une statue au général Paolo, Paoli, enfin, à un grand homme de son pays. Les Corses ne sont pas riches, mais ils sont vaniteux comme des dindons. Aussi l'argent affluait à la *Territoriale*. Malheureusement, cela ne dura pas. Au bout de deux mois, la statue était dévorée avant

d'être construite et la série des protêts, des
assignations recommençait. Aujourd'hui je m'y
suis habitué. Mais, en arrivant de ma province,
les affiches par autorité de justice, les Auver-
gnats devant la porte me causaient une impression fâcheuse. Dans la maison, on n'y faisait
plus attention. On savait qu'au dernier moment
il arriverait toujours un Monpavon, un Bois-
l'Héry, pour apaiser les huissiers; car, tous ces
messieurs, engagés très avant dans l'affaire,
sont intéressés à éviter la faillite. C'est bien ce
qui le sauve, notre malin gouverneur. Les autres courent après leur argent, — on sait ce
que cela veut dire au jeu, — et ils ne seraient
pas flattés que toutes les actions qu'ils ont dans
les mains ne fussent plus bonnes qu'à vendre
au poids du papier.

Du petit au grand, nous en sommes tous là
dans la maison. Depuis le propriétaire, à qui
l'on doit deux ans de loyer, et qui de peur de
tout perdre, nous garde pour rien, jusqu'à
nous autres, pauvres employés, jusqu'à moi,
qui en suis pour mes sept mille francs d'économies, et mes quatre ans d'arriéré, nous courons
après notre argent. C'est pour cela que je
m'entête à rester ici.

Sans doute, j'aurais pu, malgré mon grand
âge, grâce à ma bonne tournure, à mon éducation, au soin que j'ai toujours pris de mes
hardes, me présenter dans une autre adminis-

tration. Il y a une personne fort honorable que je connais, M. Joyeuse, un teneur de livres de chez Hemerlingue et fils, les grands banquiers de la rue Saint-Honoré, qui, à chaque fois qu'il me rencontre, ne manque jamais de me dire :

« Passajon, mon ami, ne reste pas dans cette caverne de brigands. Tu as tort de t'obstiner, tu n'en tireras jamais un sou. Viens chez Hemerlingue. Je me charge de t'y trouver un petit coin. Tu gagneras moins; mais tu toucheras beaucoup plus. »

Je sens bien qu'il a raison, ce brave homme. Mais c'est plus fort que moi, je ne peux pas me décider à m'en aller. Elle n'est pourtant pas gaie, la vie que je mène ici, dans ces grandes salles froides, où il ne vient jamais personne, où chacun se rencoigne sans parler... Que voulez-vous? On se connaît trop, on s'est tout dit... Encore, jusqu'à l'année dernière, nous avions des réunions du conseil de surveillance, des assemblées d'actionnaires, séances orageuses et bruyantes, vraies batailles de sauvages, dont les cris s'entendaient jusqu'à la Madeleine. Il venait aussi, plusieurs fois la semaine, des souscripteurs indignés de n'avoir plus jamais de nouvelles de leur argent. C'est là que notre gouverneur était beau. J'ai vu des gens, Monsieur, entrer dans son cabinet comme des loups altérés de carnage, et en sortir, au bout d'un quart d'heure, plus doux que des moutons, satisfaits, rassurés, et la poche soulagée de quelques billets de banque. Car, c'était cela la malice : extirper de l'argent à des malheureux qui venaient en réclamer. Aujourd'hui, les actionnaires de la *Caisse territoriale* ne bougent plus. Je crois qu'ils sont tous morts, ou qu'ils se sont résignés. Le Conseil ne se réunit jamais. Nous n'avons de séances que sur le papier ; c'est moi qui suis chargé de faire un soi-disant compte rendu, — toujours le même, — que je recopie tous les trois mois. Nous ne verrions jamais âme qui vive, si de loin en loin, il ne tombait du fond de la Corse quelque souscripteur à la statue de Paoli, curieux de savoir si le monument avance ; ou encore un bon lecteur de la *Vérité financière* disparue depuis plus de deux ans, qui vient renouveler son abonnement d'un air timide, et demande, si c'est possible, un peu plus de régularité dans les envois. Il y a des confiances que rien n'ébranle. Alors, quand un de ces innocents tombe au milieu de notre bande affamée, c'est quelque chose de terrible. On l'entoure, on l'enlace, on tâche de l'intercaler sur une de nos listes, et, en cas de résistance, s'il ne veut souscrire ni au monument de Paoli, ni aux chemins de fer Corses, ces messieurs lui font ce qu'ils appellent, — ma plume rougit de l'écrire, — ce qu'ils appellent, dis-je, « le coup du camionneur. »

Voici ce que c'est; nous avons toujours au bureau un paquet préparé d'avance, une caisse bien ficelée qui arrive censément du chemin de fer, pendant que le visiteur est là. « C'est vingt francs de port, » dit celui d'entre nous qui apporte l'objet. (Vingt francs, quelquefois trente, selon la tête du patient.) Aussitôt chacun de se fouiller : « Vingt francs de port! mais je ne les ai pas. — Ni moi non plus. » Malheur! On court à la caisse. Fermée. On cherche le caissier. Sorti. Et la grosse voix du camionneur qui s'impatiente : « Allons, allons, dépêchons-nous. » (C'est moi généralement qui imite le camionneur, à cause de mon organe.) Que faire cependant? Retourner le colis, c'est le gouverneur qui ne sera pas content. « Messieurs, je vous en prie, voulez-vous me permettre, hasarde alors l'innocente victime en ouvrant son porte-monnaie. — Ah! Monsieur, par exemple... » Il donne ses vingt francs, on l'accompagne jusqu'à la porte, et dès qu'il a les talons tournés, on partage entre tous le fruit du crime, en riant comme des bandits.

Fi! monsieur Passajon... A votre âge, un métier pareil... Eh! mon Dieu, je le sais bien. Je sais que je me ferais plus d'honneur en sortant de ce mauvais lieu. Mais, quoi! il faudrait donc que je renonçasse à tout ce que j'ai ici. Non, ce n'est pas possible. Il est urgent que je reste, au contraire, que je surveille, que je sois toujours là pour profiter au moins d'une aubaine, s'il en arrive une... Oh! par exemple, j'en jure sur mon ruban, sur mes trente ans de services académiques, si jamais une affaire comme celle du Nabab me permet de rentrer dans mes débours, je n'attendrai pas seulement une minute, je m'en irai vite soigner ma jolie petite vigne là-bas, vers Montbars, à tout jamais guéri de mes idées de spéculation. Mais hélas! c'est là un espoir bien chimérique. Usés, brûlés, comme comme nous le sommes sur la place de Paris, avec nos actions qui ne sont plus cotées à la Bourse, nos obligations qui tournent à la paperasse, tant de mensonges, tant de dettes, et le trou qui se creuse de plus en plus... (Nous devons à l'heure qu'il est trois millions cinq cent mille francs. Et ce n'est pas encore ces trois millions-là qui nous gênent. Au contraire, c'est ce qui nous soutient; mais nous avons chez le concierge une petite note de cent vingt-cinq francs pour timbres-poste, mois du gaz et autres. Ça c'est le terrible.) Et l'on voudrait nous faire croire qu'un homme, un grand financier comme ce Nabab, fût-il arrivé du Congo, descendu de la lune le jour même, serait assez fou pour mettre son argent dans une baraque pareille... Allons donc!... Est-ce que c'est possible? A d'autres, mon cher gouverneur.

IV

UN DÉBUT DANS LE MONDE.

« Monsieur Bernard Jansoulet !... »
Ce nom plébéien, accentué fièrement par la livrée, lancé d'une voix retentissante, sonna dans les salons de Jenkins, comme un coup de cymbale, un de ces gongs qui, sur les théâtres de féerie, annoncent les apparitions fantastiques. Les lustres pâlirent, il y eut une montée de flamme dans tous les yeux, à l'éblouissante perspective des trésors d'Orient, des pluies de sequins et de perles secouées par les syllabes magiques de ce nom hier inconnu.

Lui, c'était lui, le Nabab, le riche des riches, la haute curiosité parisienne, épicée de ce ragoût d'aventures qui plaît tant aux foules rassasiées. Toutes les têtes se tournèrent, toutes les conversations s'interrompirent; il y eut vers la porte une poussée de monde, une bousculade comme sur le quai d'un port de mer pour voir entrer une felouque chargée d'or.

Jenkins lui-même, si accueillant, si maître de lui, qui se tenait dans le premier salon pour recevoir ses invités, quitta brusquement le groupe d'hommes dont il faisait partie et s'élança au-devant des galions.

« Mille fois, mille fois aimable... Madame Jenkins va être bien heureuse, bien fière... Venez que je vous conduise. »

Et, dans sa hâte, dans sa vaniteuse jouissance, il entraîna si vite Jansoulet que celui-ci n'eut pas le temps de lui présenter son compagnon Paul de Géry, auquel il faisait faire son début dans le monde. Le jeune homme fut bien heureux de cet oubli. Il se faufila dans la masse d'habits noirs sans cesse refoulée plus loin à chaque nouvelle entrée, s'y engloutit, pris de cette terreur folle qu'éprouve tout jeune provincial introduit dans un salon de Paris, surtout lorsqu'il est intelligent et fin, et qu'il ne porte pas comme une cotte de mailles sous son plastron de toile l'imperturbable aplomb des rustres.

Vous tous, Parisiens de Paris, qui dès l'âge de seize ans avez, dans votre premier habit noir et le claque sur la cuisse, promené votre adolescence à travers les réceptions de tous les mondes, vous ne connaissez pas cette angoisse faite de vanité, de timidité, de souvenirs de lectures romanesques, qui nous visse les dents l'une dans l'autre, engoue nos gestes, fait de nous pour toute une nuit un entre-deux de porte, un meuble d'embrasure, un pauvre être errant et lamentable incapable de manifester son existence autrement qu'en changeant de place de temps en temps, mourant de soif plutôt que d'approcher du buffet, et s'en allant sans avoir dit un mot, à moins qu'il n'ait bégayé une de ces sottises égarées dont on se souvient pendant des mois et qui nous font, la nuit, en y songeant, pousser un « ah! » de rage honteuse, la tête cachée dans l'oreiller.

Paul de Géry était ce martyr. Là-bas dans son pays, il avait toujours vécu fort retiré près d'une vieille tante dévote et triste, jusqu'au moment où l'étudiant en droit, destiné d'abord à une carrière dans laquelle son père laissait d'excellents souvenirs, s'était vu attiré dans quelques salons de conseillers à la cour, anciennes demeures mélancoliques à trumeaux fanés où il allait faire un quatrième au whist avec de vénérables ombres. La soirée de Jenkins était donc un début pour ce provincial, que son ignorance même et sa souplesse méridionale firent du premier coup observateur.

De l'endroit où il se trouvait, il assistait au défilé curieux et non encore terminé à minuit des invités de Jenkins, toute la clientèle du médecin à la mode : la fine fleur de la société, beaucoup de politique et de finance, des banquiers, des députés, quelques artistes, tous les surmenés du high life parisien, blafards, les yeux brillants, saturés d'arsenic comme des souris gourmandes, mais insatiables de poison et de vie. Le salon ouvert, la vaste antichambre dont on avait enlevé les portes laissait voir l'escalier de l'hôtel chargé de fleurs sur les côtés, où se développaient les longues traînes dont le poids soyeux semblait rejeter en arrière le buste décolleté des femmes dans ce joli mouvement ascensionnel qui les faisait apparaître, peu à peu, jusqu'au complet épanouissement de leur gloire. Les couples arrivés en haut paraissaient entrer en scène ; et cela était doublement vrai, chacun laissant sur la dernière marche les froncements de sourcils, les plis préoccupés, les airs excédés, ses colères, ses tristesses, pour montrer une physionomie satisfaite, un sourire épanoui sur l'ensemble reposé des traits. Les hommes échangeaient des poignées de mains loyales, des effusions fraternelles ; les femmes, sans rien entendre, préoccupées d'elles-mêmes, avec de petits caracolements sur place, des grâces frissonnantes, des jeux de prunelles et d'épaules, murmuraient quelques mots d'accueil.

« Merci... Oh ! merci... comme vous êtes bonne... »

Puis les couples se séparaient, car les soirées ne sont plus ces réunions d'esprits aimables, où la finesse féminine forçait le caractère, les hautes connaissances, le génie même des hommes à s'incliner gracieusement pour elle, mais ces cohues trop nombreuses dans lesquelles les femmes, seules assises, gazouillant ensemble comme des captives de harem, n'ont plus que le plaisir d'être belles ou de le paraître. De Géry, après avoir erré dans la bibliothèque du docteur, la serre, la salle de billard où l'on fumait, ennuyé de conversations graves et arides, qui lui semblaient détonner dans un lieu si paré et dans l'heure courte du plaisir — quelqu'un lui avait demandé négligemment, sans le regarder, ce que la bourse faisait ce jour-là — se rapprocha de la porte du grand salon, que défendait un flot pressé d'habits noirs, une houle de têtes penchées les unes à côté des autres et regardant.

Une vaste pièce richement meublée avec le goût artistique qui caractérisait le maître et la maîtresse de la maison. Quelques tableaux anciens sur le fond clair des draperies. Une cheminée monumentale, décorée d'un beau groupe de marbre, « les Saisons, » de Sébastien Ruys, autour duquel de longues tiges vertes découpées en dentelle ou d'une raideur gaufrée de bronze se recourbaient vers la glace comme vers la limpidité d'une eau pure. Sur les sièges

bas, les femmes groupées, pressées, confondant
presque les couleurs vaporeuses de leurs toilettes, formant une immense corbeille de fleurs
vivantes, au-dessus de laquelle flottaient le
rayonnement des épaules nues, des chevelures
semées de diamants, gouttes d'eau sur les brunes, reflets scintillants sur les blondes, et le
même parfum capiteux, le même bourdonnement confus et doux, fait de chaleur vibrante
et d'ailes insaisissables, qui caresse en été toute
la floraison d'un parterre. Parfois un petit rire,
montant dans cette atmosphère lumineuse, un
souffle plus vif qui faisait trembler des aigrettes
et des frisures, se détacher tout à coup un beau
profil. Tel était l'aspect du salon.

Quelques hommes se trouvaient là, en très
petit nombre, tous des personnages de marque,
chargés d'années et de croix, qui causaient au
bord d'un divan, appuyés au renversement d'un
siège avec cet air de condescendance que l'on
prend pour parler à des enfants. Mais dans le
susurrement paisible de ces conversations une
voix ressortait éclatante et cuivrée, celle du
Nabab, qui évoluait tranquillement à travers
cette serre mondaine avec l'assurance que lui
donnaient son immense fortune et un certain
mépris de la femme, rapporté d'Orient.

En ce moment, étalé sur un siège, ses grosses
mains gantées de jaune croisées sans façon l'une
sur l'autre, il causait avec une très belle per-

sonne dont la physionomie originale — beaucoup de vie sur des traits sévères — se détachait en pâleur au milieu des minois environnants, comme sa toilette toute blanche, classique de plis et moulée sur sa grâce souple, contrastait avec des mises plus riches, mais dont aucune n'avait cette allure de simplicité hardie. De son coin, de Géry admirait ce front court et uni sous la frange des cheveux abaissés, ces yeux long ouverts, d'un bleu profond, d'un bleu d'abîme, cette bouche qui ne cessait de sourire que pour détendre sa forme pure dans une expression lassée et retombante. En tout, l'apparence un peu hautaine d'un être d'exception.

Quelqu'un près de lui la nomma... Félicia Ruys... Dès lors il comprit l'attrait rare de cette jeune fille, continuatrice du génie de son père, et dont la célébrité naissante était arrivée jusqu'à sa province, auréolée d'une réputation de beauté. Pendant qu'il la contemplait, qu'il admirait ses moindres gestes, un peu intrigué par l'énigme de ce beau visage, il entendit chuchoter derrière lui :

« Mais voyez donc comme elle est aimable avec le Nabab... Si le duc arrivait...

— Le duc de Mora doit venir?

— Certainement. C'est pour lui que la soirée est donnée; pour le faire rencontrer avec Jansoulet.

— Et vous pensez que le duc et mademoiselle Ruys...

— D'où sortez-vous?... C'est une liaison connue de tout Paris... Ça date de la dernière exposition où elle a fait son buste.

— Et la duchesse ?...

— Bah ! Elle en a bien vu d'autres... Ah ! voilà madame Jenkins qui va chanter. »

Il se fit un mouvement dans le salon, une pesée plus forte de la foule auprès de la porte, et les conversations cessèrent pour un moment. Paul de Géry respira. Ce qu'il venait d'entendre lui avait serré le cœur. Il se sentait atteint, sali par cette boue jetée à pleine main sur l'idéal qu'il s'était fait de cette jeunesse splendide, mûrie au soleil de l'art d'un charme si pénétrant. Il s'éloigna un peu, changea de place. Il avait peur d'entendre encore chuchoter quelque infamie... La voix de madame Jenkins lui fit du bien, une voix fameuse dans les salons de Paris et qui, malgré tout son éclat, n'avait rien de théâtral, mais semblait une parole émue vibrant sur des sonorités inapprises. La chanteuse, une femme de quarante à quarante-cinq ans, avec une magnifique chevelure cendrée, des traits fins un peu mous, une grande expression de bonté. Encore belle, elle était mise avec le goût coûteux d'une femme qui n'a pas renoncé à plaire. Elle n'y avait pas renoncé en effet ; mariée en secondes noces avec le docteur depuis une dizaine d'années, ils semblaient en être encore aux premiers mois de leur bonheur à deux. Pendant qu'elle chantait un air populaire de Russie, sauvage et doux comme un sourire slave, Jenkins était fier naïvement, sans chercher à le dissimuler, toute sa large figure épanouie ; et elle, chaque fois qu'elle penchait la tête pour reprendre son souffle, adressait de son côté un sourire craintif, épris, qui allait le chercher pardessus la musique étalée. Puis, quand elle eut fini au milieu d'un murmure admiratif et ravi, c'était touchant de voir de quelle façon discrète elle serra furtivement la main de son mari, comme pour se faire un coin de bonheur intime parmi ce grand triomphe. Le jeune de Géry se sentait réconforté par la vue de ce couple heureux, quand tout près de lui une voix murmura, — ce n'était pourtant pas la même qui avait parlé tout à l'heure :

« Vous savez ce qu'on dit... que les Jenkins ne sont pas mariés.

— Quelle folie !

— Je vous assure... il paraîtrait qu'il y a une véritable madame Jenkins quelque part, mais pas celle qu'on nous a montrée... Du reste, avez-vous remarqué... »

Le dialogue continua à voix basse, madame Jenkins s'approchait, saluant, souriant, tandis que le docteur, arrêtant un plateau au passage, lui apportait un verre de bordeaux avec l'em-

pressement d'une mère, d'un imprésario, d'un
amoureux. Calomnie, calomnie, souillure inef-
façable ! Maintenant les attentions de Jenkins
semblaient exagérées au provincial. Il trouvait
qu'il y avait là quelque chose d'affecté, de voulu,
et aussi dans le remerciment qu'elle adressa
tout bas à son mari, il crut remarquer une
crainte, une soumission contraires à la dignité
de l'épouse légitime, heureuse et fière d'un bonheur assuré... « Mais c'est hideux, le monde ! »
se disait de Géry épouvanté, les mains froides.
Ces sourires qui l'entouraient lui faisaient tout
l'effet de grimaces. Il avait de la honte et du
dégoût. Puis tout à coup se révoltant : « Allons
donc ! ce n'est pas possible. » Et, comme si
elle avait voulu répondre à cette exclamation,
derrière lui, la médisance reprit d'un ton dégagé : « Après tout, vous savez, je n'en suis
pas sûr autrement. Je répète ce qu'on m'a
dit... Tiens ! la baronne Hemerlingue... Il a
tout Paris, ce Jenkins. »

La baronne s'avançait au bras du docteur, qui
s'était précipité au devant d'elle, et si maître
qu'il fût de tous les jeux de son visage, semblait
un peu troublé et déconfit. Il avait imaginé cela,
le bon Jenkins, de profiter de sa soirée pour
réconcilier entre eux son ami Hemerlingue et
son ami Jansoulet, ses deux clients les plus riches, et qui l'embarrassaient beaucoup avec leur
guerre intestine. Le Nabab ne demandait pas

mieux. Il n'en voulait pas à son ancien copain. Leur brouille était venue à la suite du mariage d'Hemerlingue avec une favorite de l'ancien bey. « Histoire de femme, en somme, » disait Jansoulet, et qu'il aurait été heureux de voir finir, toute antipathie pesant à cette nature exubérante. Mais il paraît que le baron ne tenait pas à un rapprochement; car, malgré la promesse qu'il avait faite à Jenkins, sa femme arrivait seule, au grand dépit de l'Irlandais.

C'était une longue, mince, frêle personne, aux sourcils en plumes d'oiseau, l'air jeune et intimidé, trente ans qui en paraissaient vingt, coiffée d'herbes et d'épis tombants dans des cheveux très noirs criblés de diamants. Avec ses longs cils sur ses joues blanches de cette limpidité de teint des femmes longtemps cloîtrées, un peu gênée dans sa toilette parisienne, elle ressemblait moins à une ancienne femme de harem qu'à une religieuse ayant renoncé à ses vœux et retournant au monde. Quelque chose de dévot, de confit dans le maintien, une certaine façon ecclésiastique de marcher en baissant les yeux, les coudes à la taille, les mains croisées, des manières qu'elle avait prises dans le milieu très pratiquant où elle vivait depuis sa conversion et son récent baptême, complétaient cette ressemblance. Et vous pensez si la curiosité mondaine s'empressait autour de cette ancienne odalisque devenue catholique fer-

CAHIER (S) OU PAGE (S) INTERVERTI (S) A LA COUTURE
RETABLI (S) A LA PRISE DE VUE.

DE LA PAGE 89
A LA PAGE 152

vente, s'avançant escortée d'une figure livide de sacristain à lunettes, maître Le Merquier, député de Lyon, l'homme d'affaires d'Hemerlingue, qui accompagnait la baronne quand le baron « était un peu souffrant, » comme ce soir.

A leur entrée dans le second salon, le Nabab vint droit à elle, croyant voir apparaître à la suite la figure bouffie de son vieux camarade, auquel il était convenu qu'il irait tendre la main. La baronne l'aperçut, devint encore plus blanche. Un éclair d'acier filtra sous ses longs cils. Ses narines s'ouvrirent, palpitèrent, et, comme Jansoulet s'inclinait, elle pressa le pas, la tête haute et droite, laissant tomber de ses lèvres minces un mot arabe que personne ne put comprendre, mais où le pauvre Nabab entendit bien l'injure, lui ; car, en se relevant, son visage hâlé était de la couleur d'une terre cuite qui sort du four. Il resta un moment sans bouger, ses gros poings crispés, sa bouche tuméfiée de colère. Jenkins vint le rejoindre, et de Géry, qui avait suivi de loin toute cette scène, les vit causer ensemble vivement d'un air préoccupé.

L'affaire était manquée. Cette réconciliation, si savamment combinée, n'aurait pas lieu. Hemerlingue n'en voulait pas. Pourvu maintenant que le duc ne leur manquât pas de parole. C'est qu'il était tard. La Wauters, qui devait, en sortant de son théâtre, chanter l'air de la

Nuit, de la *Flûte enchantée*, venait d'entrer tout emmitouflée dans ses capuchons de dentelles.

Et le ministre n'arrivait pas.

Pourtant c'était une affaire entendue, promise. Monpavon devait le prendre au cercle. De temps en temps le bon Jenkins tirait sa montre tout en jetant un bravo distrait au bouquet de notes perlées que la Wauters faisait jaillir de ses lèvres de fée, un bouquet de trois mille francs, inutile comme les autres frais de la soirée, si le duc ne venait pas.

Tout à coup la porte s'ouvrit à deux battants :

« Son Excellence M. le duc de Mora. »

Un long frémissement l'accueillit, une curiosité respectueuse, rangée sur deux haies, au lieu de la presse brutale qui s'était jetée sur les pas du Nabab.

Nul mieux que lui ne savait se présenter dans le monde, traverser un salon gravement, monter en souriant à la tribune, donner du sérieux aux choses futiles, traiter légèrement les choses graves ; c'était le résumé de son attitude dans la vie, une distinction paradoxale. Encore beau malgré ses cinquante-six ans, d'une beauté faite d'élégance et de proportion où la grâce du dandy se raffermissait par quelque chose de militaire dans la taille et la fierté du visage, il portait merveilleusement l'habit noir, sur lequel, pour faire honneur à Jenkins, il avait mis quelques-unes de ses plaques, qu'il n'arborait jamais qu'aux jours officiels. Le reflet du linge, de la cravate blanche, l'argent mat des décorations, la douceur des cheveux rares et grisonnants ajoutaient à la pâleur de la tête, plus exsangue que tout ce qu'il y avait d'exsangue ce soir-là chez l'Irlandais.

Il menait une vie si terrible! La politique, le jeu sous toutes ses formes, coups de bourse et coups de baccarat, et cette réputation d'homme à bonnes fortunes qu'il fallait soutenir à tout prix. Oh! celui-là était un vrai client de Jenkins; et cette visite princière, il la devait bien à l'inventeur de ces mystérieuses perles qui donnaient à son regard cette flamme, à tout son être cet en-avant si vibrant et si extraordinaire.

« Mon cher duc, permettez-moi de vous... »

Monpavon, solennel, le jabot gonflé, essayait de faire la présentation si attendue; mais l'Excellence, distraite, n'entendait pas, continuait sa route vers le grand salon, emportée par un de ces courants électriques qui rompent la monotonie mondaine. Sur son passage, et pendant qu'il saluait la belle madame Jenkins, les femmes se penchaient un peu avec des airs attirants, un rire doux, une préoccupation de plaire. Mais lui n'en voyait qu'une seule, Félicia, debout au centre d'un groupe d'hommes, discutant comme au milieu de son atelier, et qui regardait venir le duc, tout en mangeant tranquillement un sorbet. Elle l'accueillit avec un naturel parfait. Discrètement l'entourage s'était retiré. Pourtant, et malgré ce qu'avait entendu Géry sur leurs relations présumées, il semblait n'y avoir entre eux qu'une camaraderie toute spirituelle, une familiarité enjouée.

« Je suis allé chez vous, Mademoiselle, en montant au bois.

— On me l'a dit. Vous êtes même entré dans l'atelier.

— Et j'ai vu le fameux groupe... mon groupe.

— Eh bien ?

— C'est très beau... Le lévrier court comme un enragé... Le renard détale admirablement... Seulement je n'ai pas bien compris... Vous m'aviez dit que c'était notre histoire à tous les deux ?

— Ah ! voilà... Cherchez... C'est un apologue que j'ai lu dans... Vous ne lisez pas Rabelais, monsieur le duc ?

— Ma foi, non. Il est trop grossier...

— Eh bien, moi, j'ai appris à lire là-dedans. Très mal élevée, vous savez. Oh ! très mal... Mon apologue est donc tiré de Rabelais. Voici : Bacchus a fait un renard prodigieux, imprenable à la course. Vulcain de son côté a donné à un chien de sa façon le pouvoir d'attraper toute bête qu'il poursuivra. « Or, comme dit mon auteur, advint qu'ils se rencontrèrent. » Vous voyez quelle course enragée et... interminable. Il me semble, mon cher duc, que le destin nous a mis ainsi en présence, munis de qualités contraires, vous qui avez reçu des dieux le don d'atteindre tous les cœurs, moi dont le cœur ne sera jamais pris. »

Elle lui disait cela, bien en face, presque en riant, mais serrée et droite dans sa tunique blanche qui semblait garder sa personne contre les libertés de son esprit. Lui, le vainqueur, l'irrésistible, il n'en avait jamais rencontré de cette race audacieuse et volontaire. Aussi l'enveloppait-il de toutes les effluves magnétiques d'une séduction, pendant qu'autour d'eux le murmure montant de la fête, les rires flûtés, le frôlement des satins et des franges de perles faisaient l'accompagnement à ce duo de passion mondaine et de juvénile ironie.

Il reprit au bout d'une minute :

« Mais comment les dieux se sont-ils tirés de ce mauvais pas ?

— En changeant les deux coureurs en pierre.

— Par exemple, dit-il, voilà un dénoûment que je n'accepte point... Je défie les dieux de jamais pétrifier mon cœur. »

Une flamme courte jaillit de ses prunelles, éteinte aussitôt à la pensée qu'on les regardait.

En effet, on les regardait beaucoup, mais personne aussi curieusement que Jenkins qui rôdait autour d'eux, impatient, crispé, comme s'il en eût voulu à Félicia de prendre pour elle seule le personnage important de la soirée. La jeune fille en fit, en riant, l'observation au duc :

« On va dire que je vous accapare. »

Elle lui montrait Monpavon attendant, debout près du Nabab qui, de loin, adressait à l'Excellence le regard quêteur et soumis d'un bon gros dogue. Le ministre d'État se souvint alors de ce qui l'avait amené. Il salua la jeune fille et revint à Monpavon, qui put lui présenter enfin « son honorable ami, M. Bernard Jansoulet. » L'Excellence s'inclina, le parvenu s'humilia plus bas que terre, puis ils causèrent un moment.

Un groupe curieux à observer. Jansoulet, grand, fort, l'air peuple, la peau tannée, son large dos voûté comme s'il s'était pour jamais arrondi dans les salamaleks de la courtisanerie orientale, ses grosses mains courtes faisant éclater ses gants clairs, sa mimique excessive, son exubérance méridionale découpant les mots à l'emporte-pièce. L'autre, gentilhomme de race, mondain, l'élégance même, aisé dans ses moindres gestes fort rares d'ailleurs, laissant tomber négligemment des phrases inachevées, éclairant d'un demi-sourire la gravité de son visage, cachant sous une politesse imperturbable le grand mépris qu'il avait des hommes et des femmes ; et c'est de ce mépris surtout que sa force était faite... Dans un salon américain, l'antithèse eût été moins choquante. Les millions du Nabab auraient rétabli l'équilibre et fait même pencher le plateau de son côté. Mais Paris ne met pas encore l'argent au dessus de toutes les autres puissances, et, pour s'en rendre compte, il suffisait de voir ce gros traitant frétiller d'un air aimable devant ce grand seigneur, jeter sous ses pieds, comme le manteau d'hermine du courtisan, son épais orgueil d'enrichi.

De l'angle où il s'était blotti, de Géry regardait la scène avec intérêt, sachant quelle importance son ami attachait à cette présentation, quand le hasard qui avait si cruellement démenti, toute la soirée, ses naïvetés de débutant, lui fit distinguer ce court dialogue, près de lui, dans cette houle des conversations particulières où chacun entend juste le mot qui l'intéresse :

« C'est bien le moins que Monpavon lui fasse faire quelques bonnes connaissances. Il lui en a tant procuré de mauvaises... Vous savez qu'il vient de lui jeter sur les bras Paganetti et toute sa bande.

— Le malheureux!... Mais ils vont le dévorer.

— Bah! ce n'est que justice qu'on lui fasse un peu rendre gorge... Il en a tant volé là-bas chez les Turcs.

— Vraiment, vous croyez?...

— Si je crois! J'ai là-dessus des détails très précis que je tiens du baron Hemerlingue, le banquier qui a fait le dernier emprunt tunisien... Il en connaît des histoires, celui-là, sur le Nabab. Imaginez-vous... »

Et les infamies commencèrent. Pendant quinze ans, Jansoulet avait indignement exploité l'ancien bey. On citait des noms de fournisseurs et des tours admirables d'aplomb, d'effronterie ; par exemple, l'histoire d'une frégate à musique, oui, véritablement à musique, comme un tableau de salle à manger, qu'il avait payée deux cent mille francs et revendue dix millions, un trône de trois millions, dont la note visible sur les livres d'un tapissier du faubourg Saint-Honoré n'allait pas à cent mille francs ; et le plus comique, c'est que le bey ayant changé de fantaisie, le siège royal tombé en disgrâce avant même d'être déballé, était encore cloué dans sa caisse de voyage à la douane de Tripoli.

Puis en dehors de ces commissions effrénées sur l'envoi du moindre jouet, on accentuait des accusations plus graves mais aussi certaines, puisqu'elles venaient toujours de la même source. C'était à côté du sérail, un harem d'Européennes admirablement monté, pour Son Altesse, par le Nabab qui devait s'y connaître, ayant fait jadis à Paris — avant son départ pour l'Orient — les plus singuliers métiers : marchand de contre-marques, gérant d'un bal de barrière, d'une maison plus mal famée encore... Et les chuchotements se terminaient dans un rire étouffé, le rire lippu des hommes causant entre eux.

Le premier mouvement du jeune provincial, en entendant ces calomnies infâmes, fut de se retourner et de crier :

« Vous en avez menti. »

Quelques heures plus tôt, il l'aurait fait sans hésiter, mais, depuis qu'il était là, il avait appris la méfiance, le scepticisme. Il se contint donc et écouta jusqu'au bout, immobile à la même place, ayant tout au fond de lui-même le désir inavoué de connaître mieux celui qu'il servait. Quant au Nabab, sujet bien inconscient de cette hideuse chronique, tranquillement installé dans un petit salon auquel ses tentures bleues, deux lampes à abat-jour communiquaient un air recueilli, il faisait sa partie d'écarté avec le duc de Mora.

O magie du galion ! Le fils du revendeur de ferraille seul à une table de jeu en face du premier personnage de l'empire. Jansoulet en croyait à peine la glace de Venise où se reflétaient sa figure resplendissante et le crâne auguste, séparé d'une large raie. Aussi, pour reconnaître ce grand honneur, s'appliquait-il à perdre décemment le plus de billets de mille francs possible, se sentant quand même le gagnant de la partie et tout fier de voir passer son argent dans ces mains aristocratiques dont il étudiait les moindres gestes pendant qu'elles jetaient, coupaient ou soutenaient les cartes.

Autour d'eux un cercle se faisait, mais toujours à distance, les dix pas exigés pour le salut d'un prince; c'était le public de ce triomphe où le Nabab assistait comme en rêve, grisé par ces accords féeriques un peu assourdis dans le lointain, ces chants qui lui arrivaient en phrases coupées comme par-dessus l'obstacle résonnant d'un étang, le parfum des fleurs épanouies d'une façon si singulière vers la fin des bals parisiens, alors que l'heure qui s'avance confondant toutes les notions du temps, la lassitude de la nuit blanche communiquent aux cerveaux allégés dans une atmosphère plus nerveuse, comme un étourdissement de jouissance. La robuste nature de Jansoulet, de ce sauvage civilisé, était plus sensible qu'une autre à ces raffinements inconnus; et il lui fallait toute sa force pour ne pas manifester par quelque joyeux hourrah, une intempestive effusion de gestes et de paroles, ce mouvement d'allégresse physique qui agitait tout son être, comme il arrive à ces grands chiens de montagne qu'une goutte d'essence respirée jette dans des folies épileptiques.

« Le ciel est beau, le pavé sec... Si vous voulez, mon cher enfant, nous renverrons la voiture et nous rentrerons à pied, » dit Jansoulet à son compagnon en sortant de chez Jenkins.

De Géry accepta avec empressement. Il avait besoin de se promener, de secouer dans l'air vif les infamies et les mensonges de cette comédie mondaine qui lui laissait le cœur froid et serré, tout le sang de sa vie réfugié sous ses tempes dont il entendait battre les veines gonflées. Il chancelait en marchant, semblable à ces malheureux opérés de la cataracte qui, dans l'effroi de la vision reconquise, n'osent plus mettre un pied devant l'autre. Mais avec quelle brutalité de main l'opération avait été faite ! Ainsi cette grande artiste au nom glorieux, cette beauté pure et farouche, dont l'aspect seul l'avait troublé comme une apparition, n'était qu'une courtisane. Madame Jenkins, cette femme imposante, d'un maintien à la fois si fier et si doux, ne s'appelait pas madame Jenkins. Cet illustre savant au visage ouvert, à l'accueil si cordial avait l'impudence d'étaler ainsi un concubinage honteux. Et Paris s'en doutait, mais cela n'empêchait pas d'accourir à leurs fêtes. Enfin, ce Jansoulet, si bon, si généreux, pour lequel il se sentait au cœur tant de reconnaissance, il le savait tombé aux mains d'une troupe de bandits, bandit lui-même et bien digne de l'exploitation organisée pour faire rendre gorge à ses millions...

Était-ce possible et qu'en fallait-il croire?

Un coup d'œil de côté jeté sur le Nabab, dont la vaste personne encombrait le trottoir, lui révéla tout à coup dans cette démarche calée par le poids des écus, quelque chose de bas et de canaille qu'il n'avait pas encore remarqué. Oui, c'était bien l'aventurier du Midi, pétri de ce limon qui couvre les quais de Marseille piétinés par tous les nomades, les errants de ports de mer. Bon, généreux, parbleu! comme les filles, comme les voleurs. Et l'or coulant par torrents dans ce milieu taré et luxueux, éclaboussant jusqu'aux murailles, lui semblait charrier maintenant toutes les scories, toutes les boues de sa source impure et fangeuse. Alors, lui, de Géry, n'avait plus qu'une chose à faire, partir, quitter au plus vite cette place où il risquait de compromettre son nom, l'unique héritage paternel. Sans doute. Mais les deux frérots, là-bas au pays, qui payerait leur pension? Qui soutiendrait le modeste foyer miraculeusement relevé par les beaux appointements de l'aîné, du chef de famille? Ce mot de chef de famille le rejetait aussitôt dans un de ces combats intérieurs où luttent l'intérêt et la conscience, — l'une brutale, solide, attaquant à fond avec des coups droits, l'autre fuyant, rompant par des dégagements subtils, — pendant que le brave Jansoulet, cause ignorante du conflit, marchait à grandes enjambées près de son jeune ami, aspirant l'air avec délices du bout de son cigare allumé.

Jamais il n'avait été si heureux de vivre; et cette soirée chez Jenkins, son entrée dans le monde, à lui aussi, lui avait laissé une impression de portiques dressés comme pour un triomphe, de foule accourue, de fleurs jetées sur son passage... Tant il est vrai que les choses n'existent que par les yeux qui les regardent... Quel succès! Le duc, au moment de le quitter, l'engageant à venir voir sa galerie; ce qui signifiait les portes de l'hôtel Mora ouvertes pour lui avant huit jours. Félicia Ruys consentant à faire son buste, de sorte qu'à la prochaine exposition le fils du cloutier aurait son portrait en marbre par la même grande artiste qui avait signé celui du ministre d'État. N'était-ce pas le contentement de toutes ses vanités enfantines?

Et tous deux ruminant leurs pensées sombres ou joyeuses, ils marchaient l'un près de l'autre, absorbés, absents d'eux-mêmes, si bien que la place Vendôme, silencieuse, inondée d'une lumière bleue et glacée, sonna sous leurs pas avant qu'ils se fussent dit un mot.

« Déjà, dit le Nabab... J'aurais bien voulu marcher encore un peu... Ça vous va-t-il? » Et, tout en faisant deux ou trois fois le tour de la place, il laissait aller, par bouffées, l'immense joie dont il était plein :

« Comme il fait bon ! Comme on respire !... Tonnerre de Dieu ! ma soirée de ce soir, je ne la donnerais pas pour cent mille francs... Quel brave cœur que ce Jenkins... Aimez-vous le genre de beauté de Félicia Ruys ? Moi, j'en raffole... Et le duc, quel grand seigneur ! si simple, si aimable... C'est beau Paris, n'est-ce pas, mon fils ?

— C'est trop compliqué pour moi... ça me fait peur, répondit Paul de Géry d'une voix sourde.

— Oui, oui, je comprends, reprit l'autre avec une fatuité adorable. Vous n'avez pas encore l'habitude, mais on s'y fait vite, allez ! Regardez comme en un mois je me suis mis à l'aise.

— C'est que vous étiez déjà venu à Paris, vous... Vous l'aviez habité autrefois.

— Moi ? jamais de la vie... Qui vous a dit cela ?

— Tiens, je croyais... répondit le jeune homme ; et tout de suite une foule de réflexions se précipitant dans son esprit :

— Que lui avez-vous donc fait à ce baron Hemerlingue ? C'est une haine à mort entre vous.

Le Nabab resta une minute interdit. Ce nom d'Hemerlingue, jeté tout à coup dans sa joie, lui rappelait le seul épisode fâcheux de la soirée :

« A celui-là comme aux autres, dit-il d'une voix attristée, je n'ai jamais fait que du bien. Nous avons commencé ensemble, misérablement. Nous avons grandi, prospéré côte à côte. Quand il a voulu partir de ses propres ailes, je l'ai toujours aidé, soutenu de mon mieux. C'est moi qui lui ai fait avoir dix ans de suite les fournitures de la flotte et de l'armée; presque toute sa fortune vient de là. Puis un beau matin, cet imbécile de Bernois à sang lourd ne va-t-il pas se toquer d'une odalisque que la mère du bey avait fait chasser du harem? La drôlesse était belle, ambitieuse, elle s'est fait épouser, et naturellement, après ce beau mariage, Hemerlingue a été obligé de quitter Tunis... On lui avait fait croire que j'excitais le bey à lui fermer la principauté. Ce n'est pas vrai. J'ai obtenu, au contraire, de Son Altesse, qu'Hemerlingue fils — un enfant de sa première femme — resterait à Tunis pour surveiller leurs intérêts en suspens, pendant que le père venait à Paris fonder sa maison de banque... Lorsque, à la mort de mon pauvre Ahmed, le mouchir, son frère, est monté sur le trône, les Hemerlingue, rentrés en faveur, n'ont cessé de me desservir auprès du nouveau maître. Le bey me fait toujours bon visage; mais mon crédit est ébranlé. Eh bien! malgré cela, malgré tous les mauvais tours qu'Hemerlingue m'a joués, qu'il me joue encore, j'étais prêt ce soir à lui tendre la main... Non seulece misérable-là me la refuse; mais il me fait insulter par sa femme, une bête sauvage et méchante, qui ne me pardonne pas de n'avoir jamais voulu la recevoir à Tunis... Savez-vous comment elle m'a appelé tout à l'heure en passant devant moi? « Voleur et fils de chien... » Pas plus gênée que cela l'odalisque... C'est-à-dire que si je ne connaissais pas mon Hemerlingue aussi capon qu'il est gros... Après tout, bah! qu'ils disent ce qu'ils voudront. Je me moque d'eux. Qu'est-ce qu'ils peuvent contre moi? Me démolir près du bey? Ça m'est égal. Je n'ai plus rien à faire en Tunisie, et je m'en retirerai le plus tôt possible... Il n'y a qu'une ville, qu'un pays au monde, c'est Paris, Paris accueillant, hospitalier, pas bégueule, où tout homme intelligent trouve du large pour faire de grandes choses... Et moi, maintenant, voyez-vous, de Géry, je veux faire de grandes choses... J'en ai assez de la vie de mercati... J'ai travaillé pendant vingt ans pour l'argent; à présent je suis goulu de gloire, de considération, de renommée. Je veux être quelqu'un dans l'histoire de mon pays, et cela me sera facile. Avec mon immense fortune, ma connaissance des hommes, des affaires, ce que je sens là dans ma tête, je puis arriver à tout et j'aspire à tout... Aussi croyez-moi, mon cher enfant, ne me quittez jamais — on eût dit qu'il répondait à la pensée secrète de son jeune compagnon — restez fidèlement à mon bord. La mâture est solide : j'ai du charbon plein mes soutes... Je vous jure que nous irons loin, et vite, nom d'un sort ! »

Le naïf Méridional répandait ainsi ses projets dans la nuit avec force gestes expressifs, et, de temps à autre, en arpentant la place agrandie et déserte, majestueusement entourée de ses palais muets et clos, il levait la tête vers l'homme de bronze de la colonne, comme s'il prenait à témoin ce grand parvenu dont la présence au milieu de Paris autorise toutes les ambitions, rend toutes les chimères vraisemblables.

Il y a chez la jeunesse une chaleur de cœur, un besoin d'enthousiasme que réveille le moindre effleurement. A mesure que le Nabab parlait, de Géry sentait fuir ses soupçons et toute sa sympathie renaître avec une nuance de pitié... Non, bien certainement cet homme-là n'était pas un coquin, mais un pauvre être illusionné à qui la fortune montait à la tête comme un vin trop capiteux pour un estomac longtemps abreuvé d'eau. Seul au milieu de Paris, entouré d'ennemis et d'exploiteurs, Jansoulet lui faisait l'effet d'un piéton chargé d'or traversant un bois mal hanté, dans l'ombre et sans armes. Et il pensait qu'il serait bien au protégé de veiller sans en avoir l'air sur le protecteur, de devenir le Télémaque clairvoyant de ce Mentor aveugle, de lui montrer les fondrières, de le défendre contre les détrousseurs, de l'aider enfin à se débattre dans tout ce fourmillement d'embuscades nocturnes qu'il sentait rôder férocement autour du Nabab et de ses millions.

V

LA FAMILLE JOYEUSE.

Tous les matins de l'année, à huit heures très précises, une maison neuve et presque inhabitée d'un quartier perdu de Paris s'emplissait de cris, d'appels, de jolis rires sonnant clair dans le désert de l'escalier :

« Père, n'oublie pas ma musique...

— Père, ma laine à broder...

— Père, rapporte-nous des petits pains... »

Et la voix du père qui appelait d'en bas :

« Yaïa, descends-moi donc ma serviette...

— Allons, bon ! il a oublié sa serviette... »

Et c'était un empressement joyeux du haut en bas de la maison, une course de tous ces minois brouillés de sommeil, de toutes ces chevelures ébouriffées que l'on rajustait en chemin, jusqu'au moment où, penchées sur la rampe, une demi-douzaine de jeunes filles adressaient leurs adieux sonores à un petit vieux monsieur, net et bien brossé, dont la face rougeaude, la silhouette étriquée, disparaissaient enfin dans la perspective tournante des marches. M. Joyeuse était parti pour son bureau... Alors, toute cette échappée de volière remontait vite au quatrième et, la porte tirée, se groupait à une croisée ouverte pour regarder le père encore une fois. Le petit homme se retournait, des baisers s'échangeaient de loin, puis les fenêtres se fermaient; la maison neuve et déserte redevenait tranquille, à part les écriteaux dansant leur folle sarabande au vent de la rue inachevée, comme mis en gaieté eux aussi par toutes ces évolutions. Un moment après, le photographe du cinquième descendait suspendre à la porte sa vitrine d'exposition, toujours la même, où l'on voyait le vieux monsieur en cravate blanche entouré de ses filles en groupes variés; il remontait à son tour, et le calme succédant tout à coup à ce petit tapage matinal laissait à supposer que « le père » et ses demoiselles étaient rentrés dans le cadre de photograhies, où ils se tenaient souriants et immobiles jusqu'au soir.

De la rue Saint-Ferdinand chez Hemerlingue et fils, ses patrons, M. Joyeuse avait bien trois quarts d'heure de route. Il marchait, la tête droite et raide, comme s'il avait craint de déranger le beau nœud de cravate attaché par ses filles, son chapeau posé par elles; et lorsque l'aînée, toujours inquiète et prudente, lui relevait au moment de sortir le collet de sa redingote pour éviter le maudit coup de vent du coin de la rue, même avec une température de serre chaude M. Joyeuse ne le rabattait plus jusqu'au bureau, pareil à l'amoureux qui sort des mains de sa maîtresse et n'ose plus bouger de peur de perdre l'enivrant parfum.

Veuf depuis quelques années, ce brave homme n'existait que pour ses enfants, ne songeait qu'à elles, s'en allait dans la vie entouré de ces petites têtes blondes qui voletaient autour de lui confusément comme dans un tableau d'Assomption. Tous ses désirs, tous ses projets se rapportaient à « ces demoiselles, » y revenaient sans cesse, parfois après de grands circuits, car M. Joyeuse — cela tenait sans doute à son cou très court, à sa petite taille où son sang bouillant ne faisait qu'un tour — était un homme de féconde, d'étonnante imagination. Les idées évoluaient chez lui avec la rapidité de pailles vides autour d'un crible. Au bureau, les chiffres le fixaient encore par leur maniement positif; mais, dehors, son esprit prenait la revanche de ce métier inexorable. L'activité de la marche, l'habitude d'une route dont il connaissait les moindres incidents donnaient toute liberté à ses facultés imaginatives. Il inventait alors des aventures extraordinaires, de quoi défrayer vingt romans-feuilletons.

Si, par exemple, M. Joyeuse, en remontant le faubourg Saint-Honoré, sur le trottoir de droite — il prenait toujours celui-là — apercevait une lourde charrette de blanchisseuse qui s'en allait au grand trot, conduite par une femme de campagne dont l'enfant se penchait un peu, juché sur un paquet de linge :

« L'enfant ! criait le bonhomme effrayé, prenez garde à l'enfant ! »

Sa voix se perdait dans le bruit des roues et son avertissement dans le secret de la providence. La charrette passait. Il la suivait de l'œil un moment, puis se remettait en route ; mais le drame commencé dans son esprit continuait à s'y dérouler, avec mille péripéties... L'enfant était tombé... Les roues allaient lui passer dessus... M. Joyeuse s'élançait, sauvait le petit être tout près de la mort ; seulement le timon l'atteignait lui-même en pleine poitrine et il tombait baigné dans son sang. Alors, il se voyait porté chez le pharmacien au milieu de la foule amassée. On le mettait sur une civière, on le montait chez lui, puis tout à coup il entendait le cri déchiré de ses filles, de ses bien-aimées, en l'apercevant dans cet état. Et ce cri désespéré l'atteignait si bien au cœur, il le percevait si distinctement, si profondément : « Papa, mon cher papa... » qu'il le poussait lui-même dans la rue, au grand étonnement des passants, d'une voix rauque qui le réveillait de son cauchemar inventif.

Voulez-vous un autre trait de cette imagination prodigieuse?... Il pleut, il gèle; un temps de loup. M. Joyeuse a pris l'omnibus pour aller à son bureau. Comme il est assis en face d'une espèce de colosse, tête brutale, biceps formidables, M. Joyeuse, tout petit, tout chétif, sa serviette sur les genoux, rentre ses jambes pour laisser la place aux énormes piles qui soutiennent le buste monumental de son voisin. Dans le train du véhicule, de la pluie sur les vitres, M. Joyeuse se prend à songer. Et tout à coup le colosse de vis-à-vis, qui a une bonne figure en somme, est très surpris de voir ce petit homme changer de couleur, le regarder en grinçant des dents, avec des yeux féroces, des yeux d'assassin. Oui, d'assassin véritable, car en ce moment M. Joyeuse fait un rêve terrible... Une de ses filles est assise là, en face de lui, à côté de cette brute géante, et le misérable lui prend la taille sous son mantelet.

« Retirez votre main, Monsieur... » a déjà dit deux fois M. Joyeuse... L'autre n'a fait que ricaner... Maintenant, il veut embrasser Élise...

« Ah ! bandit !... »

Trop faible pour défendre sa fille, M. Joyeuse, écumant de rage, cherche son couteau dans sa poche, frappe l'insolent en pleine poitrine, et s'en va la tête droite, fort de son droit de père outragé, faire sa déclaration au premier bureau de police.

« Je viens de tuer un homme dans un omnibus !... »

Au son de sa propre voix prononçant bien, en effet, ces paroles sinistres, mais non pas dans le bureau de police, le malheureux se réveille, devine à l'effarement des voyageurs qu'il a dû parler tout haut, et profite bien vite de l'appel du conducteur : « Saint-Philippe... Panthéon... Bastille... » pour descendre, tout confus, au milieu d'une stupéfaction générale.

Cette imagination toujours en haleine donnait à M. Joyeuse une singulière physionomie, fiévreuse, ravagée, contrastant avec son enveloppe correcte de petit bureaucrate. Il vivait tant d'existences passionnées en un jour... La race est plus nombreuse qu'on ne croit de ces dormeurs éveillés chez qui une destinée trop restreinte comprime des forces inemployées, des facultés héroïques. Le rêve est la soupape où tout cela s'évapore avec des bouillonnements terribles, une vapeur de fournaise et des images flottantes aussitôt dissipées. De ces visions les unes sortent radieux, les autres affaissés, décontenancés, se retrouvant au terre-à-terre de tous les jours. M. Joyeuse était de ceux-là, s'élevant sans cesse à des hauteurs d'où l'on ne peut que redescendre un peu brisé par la rapidité du voyage.

Or, un matin que notre « imaginaire » avait quitté sa maison à l'heure et dans les circonstances habituelles, il commença au détour de la rue Saint-Ferdinand un de ses petits romans intimes. La fin de l'année toute proche, peut-être une baraque en planches que l'on clouait dans le chantier voisin lui fit penser « étrennes... jour de l'an. » Et tout de suite le mot de gratification se planta dans son esprit comme le premier jalon d'une histoire étourdissante. Au mois de décembre, tous les employés d'Hemerlingue touchaient des appointements doubles, et vous savez que, dans les petits ménages, on base sur ces sortes d'aubaines mille projets ambitieux ou aimables, des cadeaux à faire, un meuble à remplacer, une petite somme gardée dans un tiroir pour l'imprévu.

C'est que M. Joyeuse n'était pas riche. Sa femme, une demoiselle de Saint-Amand, tourmentée d'idées de grandeur et de mondanité, avait mis ce petit intérieur d'employé sur un pied ruineux, et depuis trois ans qu'elle était morte et que Bonne Maman menait la maison avec tant de sagesse, on n'avait pas encore pu faire d'économies, tellement le passé se trouvait lourd. Tout à coup le brave homme se figura que cette année la gratification allait être plus forte à cause du surcroît de travail qu'on avait eu pour l'emprunt tunisien. Cet emprunt constituait une très belle affaire pour les patrons, trop belle même, car M. Joyeuse s'était permis de dire dans les bureaux que cette fois « Hemerlingue et fils avaient tondu le turc un peu trop ras. »

« Certainement, oui, la gratification sera doublée, » pensait l'imaginaire tout en marchant; et déjà il se voyait à un mois de là, montant avec ses camarades, pour la visite du jour de l'an, le petit escalier qui conduisait chez Hemerlingue. Celui-ci leur annonçait la bonne nouvelle; puis il retenait M. Joyeuse en particulier. Et voilà que ce patron si froid, d'habitude, enfermé dans sa graisse jaune comme dans un ballot de soie grége, devenait affectueux, paternel, communicatif. Il voulait savoir combien M. Joyeuse avait de filles.

« J'en ai trois... non, c'est-à-dire quatre, monsieur le baron... Je confonds toujours. L'aînée est si raisonnable. »

Savoir aussi quel âge elles avaient?

« Aline a vingt ans, monsieur le baron. C'est l'aînée... Puis nous avons Élise qui prépare son examen de dix-huit ans... Henriette qui en a quatorze et Zaza ou Yaïa qui n'a que douze ans. »

Ce petit nom de Yaïa amusait prodigieusement M. le baron, qui voulait connaître encore quelles étaient les ressources de cette intéressante famille.

« Mes appointements, monsieur le baron... pas autre chose... J'avais un peu d'argent de côté, mais la maladie de ma pauvre femme, les études de ces demoiselles...

— Ce que vous gagnez ne suffit pas, mon cher Joyeuse... Je vous porte à mille francs par mois.

— Oh! monsieur le baron, c'est trop... »

Mais quoiqu'il eût dit cette dernière phrase tout haut, dans le dos d'un sergent de ville qui regarda passer d'un œil de méfiance ce petit homme gesticulant et hochant la tête, le pauvre imaginaire ne se réveilla pas. Il s'admira rentrant chez lui, annonçant la nouvelle à ses filles, les conduisant le soir au théâtre, pour fêter cet heureux jour. Dieu! qu'elles étaient jolies sur le devant de leur loge, les demoiselles Joyeuse, quel bouquet de têtes vermeilles! Et puis, le lendemain, voilà les deux aînées demandées en mariage par... Impossible de savoir par qui, car M. Joyeuse venait de se retrouver subitement sous la voûte de l'hôtel Hemerlingue, devant la porte battante surmontée d'un « Caisse » en lettres d'or.

« Je serai donc toujours le même, » se dit-il

en riant un peu et passant sa main sur son front où la sueur perlait.

Mis en belle humeur par sa chimère, par le feu ronflant dans l'enfilade des bureaux parquetés, grillagés, discrets sous le jour froid du rez-de-chaussée, où l'on pouvait compter les pièces d'or sans s'éblouir les yeux, M. Joyeuse salua gaiement les autres employés, passa sa jaquette de travail et son bonnet de velours noir. Soudain, on siffla d'en haut; et le caissier, appliquant son oreille au cornet, entendit la voix grasse et gélatineuse d'Hemerlingue, le seul, le véritable Hemerlingue, — l'autre, le fils, était toujours absent, — qui demandait M. Joyeuse. Comment ! Est-ce que le rêve continuait ?... Il se sentit tout ému, prit le petit escalier intérieur qu'il montait tout à l'heure si gaillardement, et se trouva dans le cabinet du banquier, pièce étroite, très haute de plafond, meublée seulement de rideaux verts et d'énormes fauteuils de cuir proportionnés à l'effroyable capacité du chef de la maison. Il était là, assis à son pupitre dont son ventre l'empêchait de s'approcher, obèse, anhelant et si jaune que sa face ronde au nez crochu, tête de hibou gras et malade, faisait comme une lumière au fond de ce cabinet solennel et assombri. Un gros marchand maure moisi dans l'humidité de sa petite cour. Sous ses lourdes paupières soulevées péniblement, son regard brilla une seconde quand le comptable entra ; il lui fit signe de venir près de lui, et lentement, froidement, coupant de repos ses phrases essoufflées, au lieu de : « M. Joyeuse, combien avez-vous de filles ? » Il dit ceci :

« Joyeuse, vous vous êtes permis de critiquer dans les bureaux nos dernières opérations sur la place de Tunis. Inutile de vous défendre. Vos paroles m'ont été rapportées mot pour mot. Et comme je ne saurais les admettre dans la bouche d'un de mes employés, je vous avertis qu'à dater de la fin de ce mois vous cessez de faire partie de la maison. »

Un flot de sang monta à la figure du comptable, redescendit, revint encore, apportant chaque fois un sifflement confus dans ses oreilles, à son cerveau un tumulte de pensées et d'images.

Ses filles !

Qu'allaient-elles devenir ?

Les places sont si rares à cette époque de l'année.

La misère lui apparut, et aussi la vision d'un malheureux tombant aux genoux d'Hemerlingue, le suppliant, le menaçant, lui sautant à la gorge dans un accès de rage désespérée. Toute cette agitation passa sur son visage comme un coup de vent qui ride un lac en y creusant toutes sortes de gouffres mobiles ;

mais il resta muet, debout à la même place, et sur l'avis du patron qu'il pouvait se retirer, descendit en chancelant reprendre sa tâche à la caisse.

Le soir, en rentrant rue Saint-Ferdinand, M. Joyeuse ne parla de rien à ses filles. Il n'osa pas. L'idée d'assombrir cette gaieté rayonnante dont la vie de la maison était faite, d'embuer de grosses larmes ces jolis yeux clairs, lui parut insupportable. Avec cela craintif et faible, de ceux qui disent toujours : « Attendons à demain. » Il attendit donc pour parler, d'abord que le mois de novembre fût fini, se berçant du vague espoir qu'Hemerlingue changerait d'avis, comme s'il ne connaissait pas cette volonté de mollusque flasque et tenace sur son lingot d'or. Puis quand, ses appointements soldés, un autre comptable eut pris sa place devant le haut pupitre où il s'était tenu debout si longtemps, il espéra trouver promptement autre chose et réparer son malheur avant d'être obligé de l'avouer.

Tous les matins, il feignait de partir au bureau, se laissait équiper et conduire comme à l'ordinaire, sa vaste serviette en cuir toute prête pour les nombreuses commissions du soir. Quoiqu'il en oubliât exprès quelques-unes à cause de la prochaine fin de mois si problématique, le temps ne lui manquait plus maintenant pour les faire. Il avait sa journée à lui, toute une journée interminable, qu'il passait à courir Paris à la recherche d'une place. On lui donnait des adresses, des recommandations excellentes. Mais en ce terrible mois de décembre, si froid et si court de jour, chargé de dépenses et de préoccupations, les employés patientent et les patrons aussi. Chacun tâche de finir l'année dans le calme, remettant au mois de janvier, à ce grand saut du temps vers une autre étape, les changements, les améliorations, des tentatives de vie nouvelle.

Partout où M. Joyeuse se présentait, il voyait les visages se refroidir subitement dès qu'il expliquait le but de sa visite : « Tiens ! vous n'êtes plus chez Hemerlingue et fils ? Comment cela se fait-il ? » Il expliquait la chose de son mieux par un caprice du patron, ce féroce Hemerlingue que Paris connaissait ; mais il sentait de la froideur, de la méfiance, dans cette réponse uniforme : « Revenez nous voir après les fêtes. » Et, timide comme il était déjà, il en arrivait à ne plus se présenter nulle part, à passer vingt fois devant la même porte, dont il n'aurait jamais franchi le seuil sans la pensée de ses filles. Cela seul le poussait par les épaules, lui donnait du cœur aux jambes, l'envoyait dans la même journée aux extrémités opposées de Paris, à des adresses très vagues que des camarades lui donnaient, à Aubervilliers, dans une grande fabrique de noir animal, où on le faisait revenir pour rien trois jours de suite.

Oh! les courses sous la pluie, sous le givre, les portes fermées, le patron qui est sorti ou qui a du monde, les paroles données et tout à coup reprises, les espoirs déçus, l'énervement des longues attentes, les humiliations réservées à tout homme qui demande de l'ouvrage, comme si c'était une honte d'en manquer; M. Joyeuse connut toutes ces tristesses et aussi les bonnes volontés qui se lassent, se découragent devant la persistance du guignon. Et vous pensez si le dur martyre de « l'homme qui cherche une place » fut décuplé par les mirages de son imagination, par ces chimères qui se levaient pour lui du pavé de Paris pendant qu'il l'arpentait en tous sens.

Il fut pendant tout un mois une de ces marionnettes lamentables, monologuant, gesticulant sur les trottoirs, à qui chaque heurt de la foule arrache une exclamation somnambulante : « Je l'avais bien dit, » ou « gardez-vous d'en douter, Monsieur. » On passe, on rirait presque, mais on est saisi de pitié devant l'inconscience de ces malheureux possédés d'une idée fixe, aveugles que le rêve conduit, tirés par une laisse invisible. Le terrible, c'est qu'après ces longues, cruelles journées d'inaction et de fatigue, quand M. Joyeuse revenait chez lui, il fallait qu'il jouât la comédie de l'homme rentrant du travail, qu'il racontât les évènements du jour, ce qu'il avait entendu dire, les cancans de bureau dont il entretenait de tout temps ces demoiselles.

Dans les petits intérieurs, il y a toujours un nom qui revient plus souvent que les autres, qu'on invoque aux jours d'orage, qui se mêle à tous les souhaits, à tous les espoirs, même aux jeux des enfants pénétrés de son importance, un nom qui tient dans la maison le rôle d'une sous-providence, ou plutôt d'un dieu lare familier et surnaturel. C'est celui du patron, du directeur d'usine, du propriétaire, du ministre, de l'homme enfin qui porte dans sa main puissante le bonheur, l'existence du foyer. Chez les Joyeuse, c'était Hemerlingue, toujours Hemerlingue, revenant dix fois, vingt fois par jour, dans la conversation de ces demoiselles, qui l'associaient à tous leurs projets, aux plus petits détails de leurs ambitions féminines : « Si Hemerlingue voulait... Tout cela dépend d'Hemerlingue. » Et rien de plus charmant que la familiarité avec laquelle ces fillettes parlaient de ce gros richard, qu'elles n'avaient jamais vu.

On demandait de ses nouvelles... Le père lui avait-il parlé ?... Était-il de bonne humeur ?... Et dire que tous, tant que nous sommes, si humbles, si courbés que le destin nous tienne, nous avons toujours au-dessous de nous de pauvres êtres plus humbles, plus courbés, pour qui nous sommes grands, pour qui nous sommes dieux, et en notre qualité de dieux, indifférents, dédaigneux ou cruels.

On se figure le supplice de M. Joyeuse, obligé d'inventer des épisodes, des anecdotes sur le misérable qui l'avait si férocement congédié après dix ans de bons services. Pourtant il jouait sa petite comédie, de façon à tromper complètement tout le monde. On n'avait remarqué qu'une chose, c'est que le père en rentrant le soir se mettait toujours à table avec un grand appétit. Je crois bien! Depuis qu'il avait perdu sa place, le bonhomme ne déjeunait plus.

Les jours se passaient. M. Joyeuse ne trouvait rien. Si, une place de comptable à la *Caisse territoriale*, mais qu'il refusait, trop au courant des opérations de banque, de tous les coins et recoins de la bohème financière en général, et de la *Caisse territoriale* en particulier, pour mettre les pieds dans cet antre.

« Mais, lui disait Passajon... car c'était Passajon qui, rencontrant le bonhomme et le voyant sans emploi, lui avait parlé de venir chez Paganetti... Mais puisque je vous répète que c'est sérieux. Nous avons beaucoup d'argent. On paye, on m'a payé, regardez comme je suis flambant. »

En effet, le vieux garçon de bureau avait une

livrée neuve, et, sous sa tunique à boutons argentés, sa bedaine s'avançait, majestueuse... N'importe, M. Joyeuse ne s'était pas laissé tenter, même après que Passajon, arrondissant ses yeux bleus à fleur de tête, lui eut glissé emphatiquement dans l'oreille ces mots gros de promesses :

« Le Nabab est dans l'affaire. »

Même après cela, M. Joyeuse avait eu le courage de dire non. Ne valait-il pas mieux mourir de faim que d'entrer dans une maison fallacieuse dont il serait peut-être un jour appelé à expertiser les livres devant les tribunaux ?

Il continua donc à courir ; mais, découragé, il ne cherchait plus. Comme il lui fallait rester dehors, il s'attardait aux étalages sur les quais, s'accoudait des heures aux parapets, regardait l'eau couler et les bateaux qu'on déchargeait. Il devenait ce flâneur qu'on rencontre au premier rang des attroupements de la rue, s'abritant des averses sous les porches, s'approchant pour se chauffer des poêles en plein air où fume le goudron des asphalteurs, s'affaissant sur un banc du boulevard lorsque ses pas ne pouvaient plus le porter.

Ne rien faire, quel bon moyen de s'allonger la vie !

A certains jours, cependant, quand M. Joyeuse était trop las ou le ciel trop féroce, il attendait au bout de la rue que ces demoiselles eussent refermé leur croisée, et, revenant à la maison le long des murailles, montait l'escalier bien vite, passait devant la porte en retenant son souffle, et se réfugiait chez le photographe André Maranne qui, au courant de son infortune, lui faisait cet accueil apitoyé que les pauvres diables ont entre eux. Les clients sont rares si près des banlieues. Il restait de longues heures dans l'atelier à causer tout bas, à lire à côté de son ami, à écouter la pluie sur les vitres ou le vent qui soufflait comme en pleine mer, heurtant les vieilles portes et les châssis, en bas, dans le chantier de démolitions. Au-dessous il entendait des bruits connus et pleins de charmes, des chansons envolées du contentement d'une tâche, des rires assemblés, la leçon de piano que donnait Bonne Maman, le tic-tac du métronome, tout un remue-ménage délicieux qui lui chatouillait le cœur. Il vivait avec ses chéries, qui certes ne croyaient pas l'avoir si près d'elles.

Une fois, pendant une absence de Maranne, M. Joyeuse, gardant fidèlement l'atelier et son appareil neuf, entendit frapper deux petits coups au plafond du quatrième, deux coups séparés, très distincts, puis un roulement discret comme un trot de souris. L'intimité du photographe avec ses voisins autorisait bien ces communications de prisonniers; mais qu'est-ce que cela signifiait? Comment répondre à ce qui semblait un appel? A tout hasard, il répéta les deux coups, le tambourinement léger, et la conversation en resta là. Au retour d'André Maranne, il eut l'explication du fait. C'était bien simple : quelquefois, au courant de la journée, ces demoiselles, qui ne voyaient leur voisin que le soir, s'informaient de ses nouvelles, si la clientèle allait un peu. Le signal entendu voulait dire : « Est-ce que les affaires vont bien aujourd'hui ? » Et M. Joyeuse avait répondu d'instinct, sans savoir : « Pas trop mal pour la saison. » Bien que le jeune Maranne fût très rouge en affirmant cela, M. Joyeuse le croyait sur parole. Seulement cette idée de communication fréquente entre les deux ménages lui fit peur pour le secret de sa situation, et dès lors il s'abstint de ce qu'il appelait « ses journées artistiques. » D'ailleurs, le moment approchait où il ne pourrait plus dissimuler sa détresse, la fin du mois arrivant compliquée d'une fin d'année.

Paris prenait déjà sa physionomie de fête des dernières semaines de décembre. En fait de réjouissance nationale ou populaire, il n'a guère plus que celle-là. Les folies du carnaval sont mortes en même temps que Gavarni, les fêtes religieuses, dont on entend à peine le carillon sur le bruit des rues, s'enferment derrière leurs lourdes portes d'église, le quinze août n'a jamais été que la Saint-Charlemagne des casernes ; mais Paris a gardé le respect du jour de l'an.

Dès le commencement de décembre, un immense enfantillage se répand par la ville. On voit passer par la ville des voitures à bras remplies de tambours dorés, de chevaux de bois, de jouets à la douzaine. Dans les quartiers industrieux, du haut en bas des maisons à cinq étages, des vieux hôtels du marais, où les magasins ont de si hauts plafonds et des doubles portes majestueuses, on passe les nuits à manier de la gaze, des fleurs et du paillon, à coller des étiquettes sur des boîtes satinées, à trier, marquer, emballer ; les mille détails du joujou, ce grand commerce auquel Paris donne le cachet de son élégance. Cela sent le bois neuf, la peinture fraîche, le vernis reluisant, et, dans la poussière des mansardes, par les escaliers misérables où le peuple met toutes les boues qu'il a traversées, traînent des copeaux de bois de rose, des rognures de satin et de velours, des parcelles de clinquant, tous les débris du luxe employé pour l'éblouissement des yeux enfantins. Puis les étalages se parent. Derrière les vitrines claires, la dorure des livres d'étrennes monte comme un flot scintillant sous le gaz, les étoffes de couleurs variées et tentantes montrent leurs plis cassants et lourds, pendant que les demoiselles de magasin, les cheveux en étage, un ruban sous leur col, font l'article, un petit doigt en l'air, ou remplissent des sacs de moire, dans lesquels les bonbons tombent en pluie de perles.

Mais, en face de ce commerce bourgeois, bien chez lui, chauffé, retranché derrière ses riches devantures, s'installe l'industrie improvisée de ces baraques en planches, ouvertes au vent de la rue, et dont la double rangée donne aux boulevards l'aspect d'un mail forain. C'est là qu'est le vrai intérêt et la poésie des étrennes. Luxueuses dans le quartier de la Madeleine, bourgeoises vers le boulevard Saint-Denis, plus « peuple » en remontant à la Bastille, ces petites baraques se modifient pour leur public, calculent leurs chances de succès au porte-monnaie plus ou moins garni des passants. Entre elles, se dressent des tables volantes, chargées de menus objets, miracles de la petite industrie parisienne, bâtis de rien, frêles et chétifs, et que la vogue entraîne quelquefois dans son grand coup de vent, à cause de leur légèreté même. Enfin, au long des trottoirs, perdues dans la file des voitures qui frôlent leur marche errante, les marchandes d'oranges complètent ce commerce ambulant, entassent les fruits couleur de soleil sous leur lanterne de papier rouge, criant : « La Valence, » dans le brouillard, le tumulte, la hâte excessive que Paris met à finir son année.

D'ordinaire, M. Joyeuse faisait partie de cette foule affairée qui circule avec un bruit d'argent en poche et des paquets dans toutes les mains. Il courait en compagnie de Bonne Maman à la recherche des étrennes pour ces demoiselles, s'arrêtait devant ces petits marchands émus du moindre client, sans l'habitude de la vente, et qui ont basé sur cette courte phase des projets de bénéfices extraordinaires.

Et c'étaient des colloques, des réflexions, un embarras du choix interminable dans ce petit cerveau compliqué, toujours au-delà de la minute présente et de l'occupation du moment.

Cette année, hélas! rien de semblable. Il errait mélancoliquement dans la ville en liesse, plus triste, plus désœuvré de toute l'activité environnante, heurté, bousculé, comme tous ceux qui gênent la circulation des actifs, le cœur battant d'une crainte perpétuelle, car Bonne Maman, depuis quelques jours, lui faisait à table des allusions clairvoyantes et significatives à propos des étrennes. Aussi, évitait-il de se trouver seul avec elle, et lui avait-il défendu de venir le chercher à la sortie du bureau. Mais, malgré tous ses efforts, le moment approchait, il le sentait bien, où le mystère serait impossible et son lourd secret dévoilé... Elle était donc bien terrible, cette Bonne Maman, que M. Joyeuse la craignait si fort?... Mon Dieu, non. Un peu sévère, voilà tout, avec un joli sourire qui graciait à la minute tous les coupables. Mais M. Joyeuse était un craintif, un timide de naissance; vingt ans de ménage avec une maîtresse femme, « une personne de la noblesse, » l'ayant esclavagé pour toujours, comme ces forçats qui, après leur temps de fers, doivent encore subir une surveillance. Et lui en avait pour toute sa vie.

Un soir, la famille Joyeuse était réunie dans le petit salon, dernière épave de sa splendeur, où il restait deux fauteuils capitonnés, beaucoup de garnitures au crochet, un piano, deux lampes carcels coiffées de petits chapeaux verts, et un bonheur du jour rempli de bibelots.

La vraie famille est chez les humbles.

Par économie, on n'allumait pour la maison entière qu'un seul feu et qu'une lampe autour de laquelle toutes les occupations, toutes les distractions se groupaient, bonne grosse lampe de famille, dont le vieil abat-jour, — des scènes de nuit, semées de points brillants, — avait été l'étonnement et la joie de toutes ces fillettes dans leur petite enfance. Sortant doucement de l'ombre de la pièce, quatre jeunes têtes se penchaient, blondes ou brunes, souriantes ou appliquées, sous ce rayon intime et réchauffant qui les éclairait à la hauteur des yeux, semblait alimenter la flamme de leur regard, la jeunesse lumineuse sous leurs fronts transparents, les couver, les abriter, les garder du froid noir ventant dehors, des fantômes, des embûches, des misères et des terreurs, de tout ce que promène de sinistre une nuit d'hiver parisien au fond d'un quartier perdu.

Ainsi serrée dans une petite pièce en haut de la maison déserte, dans la chaleur, la sécurité de son intérieur, bien garni et soigné, la famille Joyeuse a l'air d'un nid tout en haut d'un grand arbre. On coud, on lit, on cause un peu. Un sursaut de la flamme, un pétillement du feu, voilà ce qu'on entend, avec de temps à autre une exclamation de M. Joyeuse, un peu en dehors de son petit cercle, perdu dans l'ombre où il abrite son front anxieux et toutes les démences de son imagination. Maintenant, il se figure que, dans la détresse où il se trouve acculé, dans cette nécessité absolue de tout avouer à ses enfants, ce soir, au plus tard demain, il lui arrive un secours inespéré. Hemerlingue, pris de remords, lui envoie comme à tous ceux qui ont travaillé au Tunisien sa gratification de décembre. C'est un grand laquais qui l'apporte ; « De la part de M. le baron. » L'Imaginaire dit cela tout haut. Les jolis visages se tournent vers lui ; on rit, on s'agite, et le malheureux se réveille en sursaut...

Oh! comme il s'en veut à présent de sa lenteur à tout avouer, de cette sécurité menteuse maintenue autour de lui et qu'il va falloir détruire tout à coup. Aussi quel besoin avait-il de critiquer cet emprunt de Tunis! Il se reproche même à cette heure de n'avoir pas accepté une place à la *Caisse territoriale*. Est-ce qu'il avait le droit de refuser?... Ah! le triste chef de famille, sans force pour garder ou défendre le bonheur des siens... Et, devant le joli groupe encerclé par l'abat-jour et dont l'aspect reposant forme un si grand contraste avec ses agitations intérieures, il est pris d'un remords si violent pour son âme faible, que son secret lui vient aux lèvres, va lui échapper dans un débordement de sanglots, quand un coup de sonnette — pas chimérique, celui-là — les fait tous tressaillir et l'arrête au moment de parler.

Qui donc pouvait venir à cette heure? Ils vivaient à l'écart depuis la mort de la mère, ne fréquentaient presque personne. André Maranne, quand il descendait passer un moment avec eux, frappait familièrement comme ceux pour qui la porte est toujours ouverte. Profond silence dans le salon, long colloque sur le palier. Enfin, la vieille bonne — elle était dans la maison depuis aussi longtemps que la lampe — introduisit un jeune homme complètement inconnu, qui s'arrêta, saisi, devant l'adorable tableau des quatre chéries pressées autour de la table. Son entrée en fut intimidée, un peu gauche. Pourtant il expliqua fort bien le motif de sa visite. Il était adressé à M. Joyeuse par un brave homme de sa connaissance, le vieux Passajon, pour prendre des leçons de comptabilité. Un de ses amis se trouvait engagé dans de grosses affaires d'argent, une commandite considérable. Lui aurait voulu le servir en surveillant l'emploi des capitaux, la droiture des opérations; mais il était avocat, peu au courant des systèmes financiers, du langage de la banque. Est-ce que M. Joyeuse ne pourrait pas, en quelques mois, à trois ou quatre leçons par semaine...

« Mais si bien, Monsieur, si bien... bégayait le père tout étourdi de cette chance inespérée... Je me charge parfaitement, en quelques mois, de vous rendre apte à ce travail de vérification... Où prendrons-nous nos leçons ?

— Chez vous, si vous le permettez, dit le jeune homme, car je tiens à ce qu'on ne sache pas que je travaille... Seulement, je serai désolé si, chaque fois que j'arrive, je mets tout le monde en fuite comme ce soir. »

En effet, dès les premiers mots du visiteur, les quatre têtes bouclées avaient disparu, avec des petits chuchotements, des froissements de jupes, et le salon paraissait bien nu, maintenant que le grand cercle de lumière blanche était vide.

Toujours très ombrageux quand il s'agissait de ses filles, M. Joyeuse répondit, que « ces demoiselles se retiraient tous les soirs de bonne heure ; » et cela d'un petit ton bref qui signifiait très nettement : « Parlons de nos leçons, jeune homme, je vous prie. » On convint alors des jours, des heures libres dans la soirée.

Quant aux conditions, ce serait ce que Monsieur voudrait.

Monsieur dit un chiffre.

Le comptable devint tout rouge : c'était ce qu'il gagnait chez Hemerlingue.

« Oh! non, c'est trop. »

Mais l'autre ne l'écoutait plus, cherchait, tortillait sa langue, comme pour une chose très difficile à dire, et tout à coup résolûment :

« Voilà votre premier mois...

— Mais, Monsieur... »

Le jeune homme insista. On ne le connaissait pas. Il était juste qu'il payât d'avance... Évidemment Passajon l'avait prévenu... M. Joyeuse le comprit et dit à demi-voix : « Merci, oh ! merci... » tellement ému, que les paroles lui manquaient. La vie, c'était la vie pendant quelques mois, le temps de se retourner, de retrouver une place. Ses mignonnes ne manqueraient de rien. Elles auraient leurs étrennes. O Providence !

— Alors à mercredi... monsieur ?...

— De Géry... Paul de Géry. »

Et tous deux se séparèrent ravis, éblouis,

l'un de l'apparition de ce sauveur inattendu, l'autre de l'adorable tableau qu'il n'avait fait qu'entrevoir, toute cette jeunesse féminine groupée autour de la table couverte de livres, de cahiers et d'écheveaux, avec un air de pureté, d'honnêteté laborieuse. Il y avait là pour de Géry tout un Paris nouveau, courageux, familial, bien différent de celui qu'il connaissait déjà, un Paris dont les feuilletonistes ni les reporters ne parlent jamais, et qui lui rappelait sa province, avec un raffinement en plus, ce que la mêlée, le tumulte environnants prêtent de charme au tranquille refuge épargné.

VI

FÉLICIA RUYS

T votre fils, Jenkins, qu'est-ce que vous en faites?... Pourquoi ne le voit-on plus chez vous?... Il était gentil, ce garçon. »

Tout en disant cela de ce ton de brusquerie dédaigneuse qu'elle avait presque toujours lorsqu'elle parlait à l'Irlandais, Félicia travaillait au buste du Nabab qu'elle venait de commencer, posait son modèle, quittait et reprenait l'ébauchoir, essuyait lestement ses doigts à la petite éponge, tandis que la lumière et la tranquillité d'une belle après-midi de dimanche tombaient sur la rotonde vitrée de l'atelier. Félicia « recevait » tous les dimanches, si c'est recevoir que laisser sa porte ouverte, les gens entrer, sortir, s'asseoir un moment, sans bouger pour eux de son travail ni même interrompre la discussion commencée pour faire accueil aux arrivants. C'étaient des artistes, têtes fines, barbes rutilantes, avec çà et là une toison blanche de vieux romantiques amis du père Ruys; puis des amateurs, des hommes du monde, banquiers, agents de change et quelques jeunes gandins venus plutôt pour la belle fille que pour sa sculpture, pour avoir le droit de dire au club le soir: « J'étais aujourd'hui chez Félicia. » Parmi eux, Paul de Géry, silencieux, absorbé dans une admiration qui lui entrait au cœur chaque jour un peu plus, cherchait à comprendre le beau sphynx enveloppé de cachemire pourpre et de guipures écrues qui taillait bravement en pleine glaise, un tablier de brunisseuse — remonté presque jusqu'au cou, — laissant la tête petite et fière émerger avec ces tons transparents, ces lueurs de rayons voilés dont l'esprit, l'inspiration colorent les visages en passant. Paul se rappelait toujours ce qu'on avait dit d'elle devant lui, essayait de se faire une opinion, doutait, plein de trouble et charmé, se jurant à chaque fois qu'il ne reviendrait plus, et ne manquant pas un dimanche. Il y avait là aussi de fondation, toujours à la même place, une petite femme en cheveux gris et poudrés, une fanchon autour de sa figure rose, pastel un peu effacé par les ans qui, sous le jour discret d'une embrasure, souriait doucement, les mains abandonnées sur ses genoux, dans une immobilité de fakir. Jenkins, aimable, la face ouverte, avec ses yeux noirs et son air d'apôtre, allait de l'un à l'autre, aimé et connu de tous. Lui non plus ne manquait pas un des jours de Félicia; et vraiment il y mettait de la patience, toutes les rebuffades de l'artiste et de la jolie femme étant réservées à lui seul. Sans paraître s'en apercevoir, avec la même sérénité souriante, indulgente, il continuait à venir chez la fille de son vieux Ruys, de celui qu'il avait tant aimé, soigné jusqu'à la dernière minute.

Cette fois cependant la question que venait de lui adresser Félicia à propos de son fils lui parut extrêmement désagréable; et c'est le sourcil froncé, avec une expression réelle de mauvaise humeur, qu'il répondit :

« Ce qu'il est devenu, ma foi ! je n'en sais pas plus que vous... Il nous a quittés tout à fait. Il s'ennuyait chez nous... Il n'aime que sa bohême... »

Félicia eut un bond qui les fit tous tressaillir, et l'œil dardé, la narine frémissante :

« C'est trop fort... Ah ça ! voyons, Jenkins, qu'est-ce que vous appelez la bohême?... Un mot charmant, par parenthèse, et qui devrait évoquer de longues courses errantes au soleil, des haltes au coin d'un bois, toute la primeur des fruits et des fontaines prise au hasard des grands chemins... Mais puisque de toute cette grâce vous avez fait une injure, une souillure, à qui l'appliquez-vous?... à quelques pauvres diables à longs crins, épris de l'indépendance en guenilles, qui crèvent de faim à un cinquième, en regardant le bleu de trop près, ou en cherchant des rimes sous des tuiles où filtre la pluie, à ces fous de plus en plus rares, qui, par horreur du convenu, du traditionnel, du bêta de la vie, ont sauté à pieds joints dans sa marge?... Mais, voyons, c'est l'ancien jeu, ça. C'est la bohème de Murger, avec l'hôpital au bout, terreur des enfants, tranquillité des parents, le Chaperon-Rouge mangé par le loup. Elle est finie, il y a beau temps, cette histoire-là... Aujourd'hui, vous savez bien que les artistes sont les gens les plus rangés de la terre, qu'ils gagnent de l'argent, paient leurs dettes et s'arrangent pour ressembler au premier venu... Les vrais bohèmes ne manquent pas pourtant, notre société en est faite, seulement c'est dans votre monde surtout qu'on les trouve... Parbleu! Ils ne portent pas d'étiquette extérieure, et personne ne se méfie d'eux; mais pour l'incertain, le décousu de l'existence, ils n'ont rien à envier à ceux qu'ils appellent si dédaigneusement « des irréguliers... » Ah! si l'on savait tout ce qu'un habit noir, le plus correct de vos affreux vêtements modernes, peut masquer de turpitudes, d'histoires fantastiques ou monstrueuses. Tenez, Jenkins, l'autre soir chez vous, je m'amusais à les compter, tous ces aventuriers de la haute... »

La petite vieille, rose et poudrée, lui dit doucement de sa place :

« Félicia... prends garde. »

Mais elle continua sans l'écouter :

« Qu'est-ce que c'est que Monpavon, docteur?... Et Bois-l'Héry?... Et de Mora lui-même?... Et... »

Elle allait dire : et le Nabab? mais se contint.

« Et combien d'autres ! Oh ! vraiment, je vous conseille d'en parler avec mépris de la bohème... Mais votre clientèle de médecin à la mode, ô sublime Jenkins, n'est faite que de cela. Bohème de l'industrie, de la finance, de la politique; des déclassés, des tarés de toutes les castes, et plus on monte, plus il y en a, parce que le rang donne l'impunité et que la fortune paie bien des silences. »

Elle parlait, très animée, l'air dur, la lèvre retroussée par un dédain féroce. L'autre riait d'un rire faux, prenait un petit ton léger, condescendant : « Ah ! tête folle... tête folle. » Et son regard se tournait, inquiet et suppliant, du côté du Nabab, comme pour lui demander grâce de toutes ces impertinences paradoxales.

Mais Jansoulet, bien loin de paraître vexé,

lui qui était si fier de poser devant cette belle artiste, si orgueilleux de l'honneur qu'on lui faisait, remuait la tête d'un air approbatif :

« Elle a raison, Jenkins, dit-il à la fin, elle a raison. La vraie bohème, c'est nous autres. Regardez-moi, par exemple, regardez Hemerlingue, deux des plus gros manieurs d'écus de Paris. Quand je pense d'où nous sommes partis, tous les métiers à travers lesquels on a roulé sa bosse. Hemerlingue, un ancien cantinier de régiment ; moi, qui, pour vivre, ai porté des sacs de blé sur le port de Marseille... Et les coups de raccroc dont notre fortune s'est faite, comme se font d'ailleurs toutes les fortunes maintenant... Nom d'un chien ! Allez-vous-en sous le péristyle de la Bourse de trois à cinq... Mais, pardon, mademoiselle, avec ma manie de gesticuler en parlant, voilà que j'ai perdu la pose... voyons, comme ceci ?...

— C'est inutile, dit Félicia en jetant son ébauchoir d'un geste d'enfant gâté. Je ne ferai plus rien aujourd'hui. »

C'était une étrange fille, cette Félicia. Une vraie fille d'artiste, d'un artiste génial et désordonné, bien dans la tradition romantique, comme était Sébastien Ruys. Elle n'avait pas connu sa mère, étant née d'un de ces amours de passage qui entraient tout à coup dans la vie de garçon du sculpteur comme des hirondelles dans un logis dont la porte est toujours ouverte, et en ressortaient aussitôt parce qu'on n'y pouvait faire un nid.

Cette fois, la dame, en s'envolant, avait laissé au grand artiste, alors âgé d'une quarantaine d'années, un bel enfant qu'il avait reconnu, fait élever, et qui devint la joie et la passion de sa vie. Jusqu'à treize ans, Félicia était restée chez son père, mettant une note enfantine et tendre dans cet atelier encombré de flâneurs, de modèles, de grands lévriers couchés en long sur les divans. Il y avait là un coin réservé pour elle, pour ses essais de sculpture, toute une installation microscopique, un trépied, de la cire; et le vieux Ruys criait à ceux qui entraient :

« Va pas par là... Dérange rien... C'est le coin de la petiote... »

Ce qui fait qu'à dix ans elle savait à peine lire et maniait l'ébauchoir avec une merveilleuse adresse. Ruys aurait voulu garder toujours auprès de lui cette enfant qui ne le gênait en rien, entrée toute petite dans la grande confrérie. Mais c'était pitié de voir cette fillette parmi la libre allure des habitués de la maison, l'éternel va-et-vient des modèles, les discussions d'un art pour ainsi dire tout physique, et même aux bruyantes tablées du dimanche, assise au milieu de cinq ou six femmes que le père tutoyait toutes, comédiennes, danseuses ou chanteuses, et qui, après le dîner, s'installaient à fumer, les coudes sur la nappe, avachies dans ces histoires grasses si goûtées du maître de la maison. Heureusement, l'enfance est protégée d'une candeur résistante, d'un émail sur lequel glissent toutes les souillures. Félicia devenait bruyante, turbulente, mal élevée, mais sans être atteinte par tout ce qui passait au-dessus de sa petite âme au ras de terre.

Tous les ans, à la belle saison, elle allait demeurer quelques jours chez sa marraine, Constance Crenmitz, la Crenmitz aînée, que l'Europe entière avait si longtemps appelée « l'illustre danseuse, » et qui vivait paisiblement retirée à Fontainebleau.

L'arrivée du « petit démon » mêlait pendant quelque temps à la vie de la vieille danseuse une agitation dont elle avait ensuite toute l'année pour se remettre. Les terreurs que l'enfant lui causait avec ses audaces à grimper, à sauter, à monter à cheval, tous les emportements de sa nature échappée, lui rendaient ce séjour à la fois délicieux et terrible; délicieux, car elle adorait Félicia, la seule attache familiale qui restât à cette pauvre vieille salamandre en retraite après trente ans de « battus » dans les flamboiements du gaz; terrible, car le démon fourrageait sans pitié l'intérieur de la danseuse, paré, soigné, parfumé, comme sa loge à l'Opéra, et garni d'un musée de souvenirs datés de toutes les scènes du monde.

Constance Crenmitz fut le seul élément féminin dans l'enfance de Félicia. Futile, bornée, ayant gardé sur son esprit le rose du maillot pour toute sa vie, elle avait du moins un soin coquet, des doigts agiles sachant coudre, broder, ajuster, mettre dans tous les angles d'une pièce leur trace légère et minutieuse. Elle seule entreprit de redresser le jeune sauvageon, et d'éveiller discrètement la femme dans cet être étrange sur le dos duquel les manteaux, les fourrures, tout ce que la mode inventait d'élégant, prenait des plis trop droits ou des brusqueries singulières.

C'est encore la danseuse, — fallait-il qu'elle fût abandonnée, cette petite Ruys, — qui, triomphant de l'égoïsme paternel, exigea du sculpteur une séparation nécessaire, quand Félicia eut douze à treize ans ; et elle prit de plus la responsabilité de chercher une pension convenable, une pension qu'elle choisit à dessein très cossue et très bourgeoise, tout en haut d'un faubourg aéré, installée dans une vaste demeure du vieux temps, entourée de grands murs, de grands arbres, une sorte de couvent, moins la contrainte et le mépris des sérieuses études.

On travaillait beaucoup au contraire dans l'institution de madame Belin, sans autres sorties que celles des grandes fêtes, sans communications du dehors que la visite des parents.

le jeudi, dans un petit jardin planté d'arbustes
en fleurs ou dans l'immense parloir aux dessus
de portes sculptés et dorés. La première entrée de Félicia au milieu de cette maison presque monastique causa bien une certaine rumeur; sa toilette choisie par la danseuse
autrichienne, ses cheveux bouclés jusqu'à la
taille, cette allure déhanchée et garçon excitè-
rent quelque malveillance, mais elle était Parisienne, et vite assimilée à toutes les situations,
à tous les endroits. Quelques jours après,
mieux que personne elle portait le petit tablier
noir, auquel les plus coquettes attachaient leur
montre, la jupe droite — prescription sévère
et dure, à cette époque, où la mode élargissait
les femmes d'une infinité de volants, — la
coiffure d'uniforme, deux nattes rattachées un
peu bas, dans le cou, à la façon des paysannes
romaines.

Chose étrange, l'assiduité des classes, leur
calme exactitude convinrent à la nature de Félicia, toute intelligente et vivante, où le goût
de l'étude s'égayait d'une expansion juvénile à
l'aise dans la bonne humeur bruyante des ré-
créations. On l'aima. Parmi ces filles de grands
industriels, de notaires parisiens ou de fermiers
gentilshommes, tout un petit monde solide, un
peu gourmé, le nom bien connu du vieux
Ruys, le respect dont s'entoure à Paris une réputation artistique, firent à Félicia une place à

part et très enviée, rendue plus brillante encore par ses succès de classe, un véritable talent de dessinateur, et sa beauté, cette supériorité qui s'impose, même chez les toutes jeunes filles.

Dans l'atmosphère purifiée du pensionnat, elle ressentait une douceur extrême à se féminiser, à reprendre son sexe, à connaître l'ordre, la régularité, autrement que cette danseuse aimable dont les baisers gardaient toujours un goût de fard et les expansions des ronds de bras peu naturels. Le père Ruys s'extasiait, chaque fois qu'il venait voir sa fille, de la trouver plus demoiselle, sachant entrer, marcher, sortir d'une pièce avec cette jolie révérence qui faisait désirer à toutes les pensionnaires de madame Belin le frou-frou traînant d'une longue robe.

D'abord il vint souvent, puis comme le temps lui manquait pour tous les travaux acceptés, entrepris, dont les avances payaient les gâchis, les facilités de son existence, on le vit moins au parloir. Enfin, la maladie s'en mêla. Terrassé par une anémie invincible, il restait des semaines sans sortir, sans travailler. Alors il voulut revoir sa fille; et du pensionnat ombragé d'une paix si saine, Félicia retomba dans l'atelier paternel que hantaient toujours les mêmes commensaux, le parasitisme installé autour de toute célébrité, parmi lequel la maladie avait introduit un nouveau personnage, le docteur Jenkins.

Cette belle figure ouverte, l'air de franchise, de sérénité répandu sur la personne de ce médecin, déjà connu, qui parlait de son art avec tant de sans-façon et opérait pourtant des cures miraculeuses, les soins dont il entourait son père, firent une grande impression sur la jeune fille. Tout de suite Jenkins fut l'ami, le confident, un tuteur vigilant et doux. Parfois dans l'atelier lorsque quelqu'un — le père tout le premier — lançait un mot trop accentué, une plaisanterie risquée, l'Irlandais fronçait les sourcils, faisait un petit claquement de langue, ou bien détournait l'attention de Félicia. Il l'emmenait souvent passer la journée chez madame Jenkins, s'efforçant d'empêcher qu'elle redevînt le sauvageon d'avant le pensionnat, ou même quelque chose de pis, ce qui la menaçait dans l'abandon moral, plus triste que tout autre, où on la laissait.

Mais la jeune fille avait pour la défendre, mieux encore que l'exemple irréprochable et mondain de la belle madame Jenkins : l'art qu'elle adorait, l'enthousiasme qu'il mettait dans sa nature tout en dehors, le sentiment de la beauté, de la vérité, qui de son cerveau réfléchi, plein d'idées, passait dans ses doigts avec un petit frémissement de nerfs, un désir de la chose faite, de l'image réalisée. Tout le jour elle travaillait à sa sculpture, fixait ses rêveries avec ce bonheur de la jeunesse instinctive qui prête tant de charmes aux premières œuvres; cela l'empêchait de trop regretter l'austérité de l'institution Belin, abritante et légère comme le voile d'une novice sans vœux, et cela la gardait aussi des conversations dangereuses, inentendues dans sa préoccupation unique.

Ruys était fier de ce talent qui grandissait à son côté. De jour en jour plus affaibli, déjà dans cette phase où l'artiste se regrette, il suivait Félicia avec une consolation de sa propre carrière terminée. L'ébauchoir, qui tremblait dans sa main, était ressaisi tout près de lui avec une fermeté, une assurance viriles, tempérées par tout ce que la femme peut appliquer des finesses de son être à la réalisation d'un art. Sensation singulière que cette paternité double, cette survivance du génie abandonnant celui qui s'en va pour passer dans celui qui vient, comme ces beaux oiseaux familiers qui, dès la veille d'une mort, désertent le toit menacé pour voler sur un logis moins triste.

Aux derniers temps, Félicia — grande artiste et toujours enfant — exécutait la moitié des travaux paternels; et rien n'était plus touchant que cette collaboration du père et de la fille, dans le même atelier, autour du même groupe.

La chose ne se passait pas toujours paisiblement. Quoique élève de son père, Félicia sentait déjà sa personnalité rebelle à une direction despotique. Elle avait ces audaces des commençants, ces presciences de l'avenir réservées aux talents jeunes, et, contre les traditions romantiques de Sébastien Ruys, une tendance de réalisme moderne, un besoin de planter ce vieux drapeau glorieux sur quelque monument nouveau.

C'étaient alors de terribles empoignades, des discussions dont le père sortait vaincu, dompté par la logique de sa fille, étonné de tout le chemin que font les enfants sur les routes, alors que les vieux, qui leur ont ouvert les barrières, restent immobiles à l'endroit du départ. Quand elle travaillait pour lui, Félicia cédait plus facilement ; mais, sur sa sculpture à elle, on la trouvait intraitable. Ainsi le *Joueur de boules,* sa première œuvre exposée, qui obtint un si grand succès au Salon de 1862, fut l'objet de scènes violentes entre les deux artistes, de contradictions si fortes, que Jenkins dut intervenir et assister au départ du plâtre que Ruys avait menacé de briser.

A part ces petits drames qui ne touchaient en rien aux tendresses de leur cœur, ces deux êtres s'adoraient avec le pressentiment et peu à peu la cruelle certitude d'une séparation prochaine, quand tout à coup il se passa dans la vie de Félicia un événement horrible. Un jour, Jenkins l'avait emmenée dîner chez lui, comme cela arrivait souvent. Madame Jenkins était absente, en voyage ainsi que son fils pour deux jours ; mais l'âge du docteur, son intimité quasi-paternelle l'autorisaient à garder près de lui, même en l'absence de sa femme, cette fillette que ses quinze ans, les quinze ans d'une juive d'Orient resplendissante de beauté hâtive, laissaient encore près de l'enfance.

Le dîner fut très gai, Jenkins aimable, cordial à son ordinaire. Puis on passa dans le cabinet du docteur ; et soudain, sur le divan, au milieu d'une conversation intime, tout amicale, sur son père, sa santé, leurs travaux, Félicia sentit comme le froid d'un gouffre entre elle et cet homme, puis l'étreinte brutale d'une patte de faune. Elle vit un Jenkins inconnu, égaré, bégayant, le rire hébété, les mains outrageantes. Dans la surprise, l'inattendu de ce ruement de brute, une autre que Félicia, une enfant de son âge, mais vraiment innocente, aurait été perdue. Elle, pauvre petite, ce qui la sauva, ce fut de savoir. Elle en avait tant entendu conter à la table de son père ! Et puis l'art, la vie d'atelier... Ce n'était pas une ingénue. Tout de suite elle comprit ce que voulait cette étreinte, lutta, bondit, puis n'étant pas assez forte, cria. Il eut peur, lâcha prise, et subitement, elle se trouva debout, dégagée, avec l'homme à ses

genoux pleurant, demandant pardon... Il avait
cédé à une folie. Elle était si belle, il l'aimait
tant. Depuis des mois il luttait... Mais maintenant c'était fini, jamais plus, oh ! jamais plus...
Pas même toucher le bord de sa robe... Elle
ne répondait pas, tremblait, rajustait ses cheveux, ses vêtements avec ses doigts de folle.
Partir, elle voulait partir sur l'heure, toute
seule. Il la fit accompagner par une servante;
et tout bas, comme elle montait en voiture :
« Surtout pas un mot... Votre père en mour-
rait. » Il la connaissait si bien, il était si sûr
de la tenir avec cette idée, le misérable, qu'il
revint le lendemain comme si rien ne s'était
passé, toujours épanoui et la face loyale. En
effet, elle n'en parla jamais à son père, ni à
personne. Mais à dater de ce jour, un changement se fit en elle, comme une détente de
ses fiertés. Elle eut des caprices, des lassitudes,
un pli de dégoût sur son sourire, et parfois
contre son père des colères subites, un regard
de mépris qui lui reprochait de n'avoir pas su
veiller sur elle.

« Qu'est-ce qu'elle a ? » disait le père Ruys ;
et Jenkins, avec l'autorité du médecin, mettait
cela sur le compte de l'âge et d'un trouble
physique. Lui-même évitait d'adresser la parole
à la jeune fille, comptant sur les jours pour
effacer l'impression sinistre, et ne désespérant
pas d'arriver où il voulait, car il voulait encore,

plus que jamais, pris d'un amour enragé d'homme de quarante-sept ans, d'une incurable passion de maturité ; et c'était son châtiment, à cet hypocrite... Ce singulier état de sa fille constitua un vrai chagrin pour le sculpteur ; mais ce chagrin fut de courte durée. Soudainement Ruys s'éteignit, s'écroula d'un coup, comme tous ceux que soignait l'Irlandais. Son dernier mot fut :

« Jenkins, je vous recommande ma fille. »

Il était si ironiquement lugubre, ce mot, que Jenkins, présent à l'agonie ne put s'empêcher de pâlir...

Félicia fut plus stupéfaite encore que désolée. A l'étonnement de la mort, qu'elle n'avait jamais vue et qui se présentait à elle sous des traits aussi chers, se joignait le sentiment d'une solitude immense entourée de nuit et de dangers.

Quelques amis du sculpteur se réunirent en conseil de famille pour délibérer sur le sort de cette malheureuse enfant sans parents ni fortune. On avait trouvé cinquante francs dans le vide-poche où Sébastien mettait son argent sur un meuble de l'atelier bien connu des besogneux et qu'ils visitaient sans scrupule. Pas d'autre héritage, du moins en numéraire ; seulement un mobilier d'art et de curiosité des plus somptueux, quelques tableaux de prix et des créances égarées couvrant à peine des dettes innombrables. On parla d'organiser une vente. Félicia, consultée, répondit que cela lui était égal qu'on vendît tout, mais, pour Dieu ! qu'on la laissât tranquille.

La vente n'eut pas lieu cependant, grâce à la marraine, la bonne Crenmitz, qu'on vit apparaître tout à coup, tranquille et douce comme d'habitude :

« Ne les écoute pas, ma fille, ne vends rien. Ta vieille Constance a quinze mille francs de rente qui t'étaient destinés. Tu en profiteras dès à présent, voilà tout. Nous vivrons ensemble ici. Tu verras, je ne suis pas gênante. Tu feras ta sculpture, je mènerai la maison. Ça te va-t-il ? »

C'était dit si tendrement, dans cet enfantillage d'accent des étrangers s'exprimant en français, que la jeune fille en fut profondément émue. Son cœur pétrifié s'ouvrit, un flot brûlant déborda de ses yeux, et elle se précipita, s'engloutit dans les bras de l'ancienne danseuse : « Ah ! marraine, que tu es bonne... Oui, oui, ne me quitte plus... reste toujours avec moi... La vie me fait peur et dégoût... J'y vois tant d'hypocrisie, de mensonge ! » Et la vieille femme s'étant arrangé un nid soyeux et brodé dans cet intérieur qui ressemblait à un campement de voyageurs chargés de richesses de tous les pays, la vie à deux s'établit entre ces natures si différentes.

Ce n'était pas un petit sacrifice que Constance avait fait au cher démon de quitter sa retraite de Fontainebleau pour Paris, dont elle avait la terreur. Du jour où cette danseuse, aux caprices extravagants, qui fit couler des fortunes princières entre ses cinq doigts écartés, descendue des apothéoses un reste de leur éblouissement dans les yeux, avait essayé de reprendre l'existence commune, d'administrer ses petites rentes et son modeste train de maison, elle avait été en butte à une foule d'exploitations effrontées, d'abus faciles devant l'ignorance de ce pauvre papillon effaré de la réalité, se cognant à toutes ses difficultés inconnues. Chez Félicia, la responsabilité devint autrement sérieuse à cause du gaspillage installé jadis par le père, continué par la fille, deux artistes dédaigneux de l'épargne. Elle eut encore d'autres difficultés à vaincre. L'atelier lui était insupportable avec cette fumée de tabac permanente, le nuage impénétrable pour elle où les discussions d'art, le déshabillement des idées se confondaient dans des tourbillons brillants et vagues, qui lui causaient infailliblement la migraine. La « blague » surtout lui faisait peur. En sa qualité d'étrangère, d'ancienne divinité du foyer de la danse, nourrie de politesses surannées, de galanteries à la Dorat, elle ne la comprenait pas bien, restait épouvantée devant les exagérations frénétiques, les paradoxes de ces Parisiens raffinés par la liberté de l'atelier.

Elle qui n'avait eu d'esprit que dans la vivacité de ses pieds, cela l'intimidait, la mettait au rang d'une simple dame de compagnie; et en regardant cette aimable vieille silencieuse et souriante, assise dans le jour de la rotonde vitrée, son tricot sur les genoux, comme une bourgeoise de Chardin, ou remontant à pas pressés, à côté de sa cuisinière, la longue rue de Chaillot, où se trouvait le plus proche marché, jamais on n'aurait pu se douter que cette bonne femme avait tenu des rois, des princes, toute la noblesse et la finance amoureuses, sous le caprice de ses pointes et de ses ballons.

Paris est plein de ces astres éteints, retombés dans la foule.

Quelques-uns de ces illustres, de ces triomphateurs de jadis, gardent une rage au cœur; d'autres, au contraire, savourent le passé béatement, digèrent dans un bien-être ineffable toutes leurs joies glorieuses et finies, ne demandent que du repos, le silence et l'ombre, de quoi se souvenir et se recueillir, si bien que, quand ils meurent, on est tout étonné d'apprendre qu'ils vivaient encore.

Constance Crenmitz était de ces heureux. Mais quel singulier ménage d'artistes que celui de ces deux femmes, aussi enfants l'une que l'autre, mettant en commun l'inexpérience et l'ambition, la tranquillité d'une destinée accomplie et la fièvre d'une vie en pleine lutte, toutes les différences visibles même dans la tournure tranquille de cette blonde, toute blanche comme une rose déteinte, paraissant habillée sous ses couleurs claires d'un reste de feu de bengale, et cette brune aux traits corrects, enveloppant presque toujours sa beauté d'étoffes sombres, aux plis simples, comme d'un semblant de virilité.

L'imprévu, le caprice, l'ignorance des moindres choses amenaient dans les ressources du ménage un désordre extrême, d'où l'on ne sortait parfois qu'à force de privations, de renvois de domestiques, de réformes risibles dans leur exagération. Pendant une de ces crises, Jenkins avait fait des offres voilées, délicates, repoussées avec mépris par Félicia.

« Ce n'est pas bien, lui disait Constance, de rudoyer ainsi ce pauvre docteur. En somme, ce qu'il faisait là, n'avait rien d'offensant. Un vieil ami de ton père.

— Lui ! l'ami de quelqu'un... Ah ! le beau tartufe ! »

Et Félicia ayant peine à se contenir, tournait en ironie sa rancune, imitait Jenkins, le geste arrondi, la main sur son cœur, puis, gonflant ses joues, disait d'une grosse voix soufflée, pleine d'effusions menteuses :

« Soyons humains, soyons bons... Le bien sans espérance !... tout est là. »

Constance riait aux larmes malgré elle, tellement la ressemblance était vraie.

« C'est égal, tu es trop dure... tu finiras par l'éloigner.

— Ah bien oui !... » disait un hochement de tête de la jeune fille.

En effet, il revenait toujours, doux, aimable, dissimulant sa passion visible seulement quand elle se faisait jalouse à l'égard des nouveaux venus, comblant d'assiduités l'ancienne danseuse à laquelle plaisait malgré tout sa douceur, et qui reconnaissait en lui un homme de son temps à elle, du temps où l'on abordait les femmes en leur baisant la main, avec un compliment sur la bonne mine de leur visage.

Un matin, Jenkins, étant venu pendant sa tournée, trouva Constance seule dans l'antichambre et désœuvrée.

« Vous voyez, docteur, je monte la garde, fit-elle tranquillement.

— Comment cela ?

— Oui, Félicia travaille. Elle ne veut pas être dérangée, et les domestiques sont si bêtes. Je veille moi-même à la consigne. »

Puis voyant l'Irlandais faire un pas vers l'atelier.

« Non, non, n'y allez pas... Elle m'a bien

recommandé de ne laisser entrer personne...

— Mais moi ?

— Je vous en prie... vous me feriez gronder. »

Jenkins allait se retirer, quand un éclat de rire de Félicia passant à travers les tentures lui fit lever la tête.

« Elle n'est donc pas seule ?

— Non. Le Nabab est avec elle... Ils ont séance... pour le portrait.

— Et pourquoi ce mystère ?... Voilà qui est singulier... »

Il marchait de long en large, l'air furieux, mais se contenant.

Enfin, il éclata.

C'était d'une inconvenance inouïe de laisser une jeune fille s'enfermer ainsi avec un homme.

Il s'étonnait qu'une personne aussi sérieuse, aussi dévouée que Constance... De quoi avait-on l'air ?...

La vieille dame le regardait avec stupeur. Comme si Félicia était une jeune fille pareille aux autres ! Et puis quel danger y avait-il avec le Nabab, un homme si sérieux, si laid ? D'ailleurs Jenkins devait bien savoir que Félicia ne consultait jamais personne, qu'elle n'agissait qu'à sa tête.

« Non, non, c'est impossible, je ne peux pas tolérer cela, » fit l'Irlandais.

Et, sans s'inquiéter autrement de la danseuse qui levait les bras au ciel pour le prendre à témoin de ce qui allait se passer, il se dirigea vers l'atelier ; mais, au lieu d'entrer droit, il entr'ouvrit la porte doucement, et souleva un coin de tenture par lequel une partie de la pièce, celle où posait précisément le Nabab, devint visible pour lui, quoique à une assez grande distance.

Jansoulet assis, sans cravate, le gilet ouvert, causait avec un air d'agitation, à demi-voix. Félicia répondait de même en chuchotements rieurs. La séance était très animée... Puis un silence, un « frou » de jupes, et l'artiste, s'approchant de son modèle, lui rabattit d'un geste familier son col de toile tout autour en faisant courir sa main légère sur cette peau basanée.

Ce masque éthiopien dont les muscles tressaillaient d'une ivresse de bien-être avec ses grands cils baissés de fauve endormi qu'on chatouille, la silhouette hardie de la jeune fille penchée sur cet étrange visage pour en vérifier les proportions, puis un geste violent, irrésistible, agrippant la main fine au passage et l'appliquant sur deux grosses lèvres éperdues, Jenkins vit tout cela dans un éclair rouge...

Le bruit qu'il fit en entrant remit les deux personnages dans leurs positions respectives, et, sous le grand jour qui éblouissait ses yeux de chat guetteur, il aperçut la jeune fille debout devant lui, indignée, stupéfaite : « Qui est là ? Qui se permet ? » et le Nabab sur son estrade, le col rabattu, pétrifié, monumental.

Jenkins, un peu penaud, effaré de sa propre audace, balbutia quelques excuses. Il avait une chose très pressée à dire à M. Jansoulet, une nouvelle très importante et qui ne souffrait aucun retard... « Il savait de source certaine qu'il y aurait des croix données pour le 16 mars. » Aussitôt la figure du Nabab, un instant contractée, se détendit.

« Ah ! vraiment ? »

Il quitta la pose... L'affaire en valait la peine, diable ! M. de la Perrière, un secrétaire des commandements, avait été chargé par l'impératrice de visiter l'asile de Bethléem. Jenkins venait chercher le Nabab pour le mener aux Tuileries chez le secrétaire et prendre jour. Cette visite à Bethléem, c'était la croix pour lui.

« Vite, partons ; mon cher docteur, je vous suis. »

Il n'en voulait plus à Jenkins d'être venu le déranger, et fébrilement il rattachait sa cravate, oubliant sous l'émotion nouvelle le bouleversement de tout à l'heure, car chez lui l'ambition primait tout.

Pendant que les deux hommes causaient à demi-voix, Félicia, immobile devant eux, les narines frémissantes, le mépris retroussant sa lèvre, les regardait de l'air de dire : « Eh bien ! j'attends. »

Jansoulet s'excusa d'être obligé d'interrompre la séance ; mais une visite de la plus haute importance... Elle eut un sourire de pitié :

« Faites, faites... Au point où nous en sommes, je puis travailler sans vous.

— Oh ! oui, dit le docteur, l'œuvre est à peu près terminée. »

Il ajouta d'un air connaisseur :

« C'est un beau morceau. »

Et, comptant sur ce compliment pour se faire une sortie, il s'esquivait, les épaules basses ; mais Félicia le retint violemment :

« Restez, vous... J'ai à vous parler. »

Il vit bien à son regard qu'il fallait céder, sous peine d'un éclat :

« Vous permettez, cher ami ?... Mademoiselle a un mot à me dire... Mon coupé est à la porte... Montez. Je vous rejoins. »

L'atelier refermé sur ce pas lourd qui s'éloignait, ils se regardèrent tous deux bien en face.

« Il faut que vous soyez ivre ou fou pour vous être permis une chose pareille ? Comment, vous osez entrer chez moi quand je ne veux pas recevoir ?... Pourquoi cette violence ? de quel droit ?...

— Du droit que donne la passion désespérée et invincible.

— Taisez-vous, Jenkins, vous prononcez des paroles que je ne peux pas entendre... Je vous laisse venir ici par pitié, par habitude, parce que mon père vous aimait... Mais ne me reparlez jamais de votre... amour, — elle dit le mot très bas, comme une honte, — ou vous ne me reverrez plus, oui, dussé-je mourir pour vous échapper une bonne fois. »

Un enfant pris en faute ne courbe pas plus humblement la tête que Jenkins répondant :

« C'est vrai... J'ai eu tort... Un moment de folie, d'aveuglement. Mais pourquoi vous plaisez-vous à me déchirer le cœur comme vous faites ?

— Je pense bien à vous, seulement !

— Que vous pensiez ou non à moi, je suis là, je vois ce qui se passe, et votre coquetterie me fait un mal affreux. »

Un peu de rouge lui vint aux joues devant ce reproche :

« Coquette, moi ?... et avec qui ?

— Avec ça... » dit l'Irlandais en montrant le buste simiesque et superbe.

Elle essaya de rire :

« Le Nabab... Quelle folie !

— Ne mentez donc pas... Croyez-vous que je sois aveugle, que je ne me rende pas compte de tous vos manéges ? Vous restez seule avec lui très longtemps.... Tout à l'heure, j'étais là... Je vous voyais... » Il baissait la voix comme si le souffle lui eût manqué... « Que cherchez-vous donc, étrange et cruelle enfant ? Je vous ai vu repousser les plus beaux, les plus nobles, les plus grands. Ce petit de Géry vous dévore des yeux, vous n'y prenez pas garde. Le duc de Mora lui-même n'a pas pu arriver jusqu'à votre cœur. Et c'est celui-là, qui est affreux, vulgaire, qui ne pensait pas à vous, qui a toute autre chose que l'amour en tête... Vous avez vu comme il est parti ! Où voulez-vous donc en venir? Qu'attendez-vous de lui ?

— Je veux... Je veux qu'il m'épouse. Voilà. »

Froidement, d'un ton radouci, comme si cet aveu l'avait rapprochée de celui qu'elle méprisait tant, elle exposa ses motifs. La vie qu'elle menait la poussait à une impasse. Elle avait des goûts de luxe, de dépense, des habitudes de désordre que rien ne pouvait vaincre et qui la conduiraient fatalement à la misère, elle et cette bonne Crenmitz, qui se laissait ruiner sans rien dire. Dans trois ans, quatre ans au plus, tout serait fini. Et alors les expédients, les dettes, la loque et les savates des petits ménages d'artistes. Ou bien l'amant, l'entreteneur, c'est-à-dire la servitude et l'infamie.

« Allons donc, dit Jenkins... Et moi, est-ce que je ne suis pas là?

— Tout plutôt que vous, fit-elle en se redressant... Non, ce qu'il me faut, ce que je veux, c'est un mari qui me défende des autres et de moi-même, qui me garde d'un tas de choses noires dont j'ai peur quand je m'ennuie, des gouffres où je sens que je puis m'abîmer, quelqu'un qui m'aime pendant que je travaille, et relève de faction ma pauvre vieille fée à bout de forces... Celui-là me convient et j'ai pensé à lui dès que je l'ai vu. Il est laid, mais il a l'air bon; puis il est follement riche et la fortune, à ce degré-là, ce doit être amusant... Oh! je sais bien. Il y a sans doute dans sa vie quelque tare qui lui a porté chance. Tout cet or ne peut pas être fait d'honnêteté... Mais là, vrai, Jenkins, la main sur ce cœur que vous invoquez si souvent, pensez-vous que je sois une épouse bien tentante pour un honnête homme? Voyez: de tous ces jeunes gens qui sollicitent comme une grâce de venir ici, lequel a songé à demander ma main? Jamais un seul. Pas plus de Géry que les autres... Je séduis, mais je fais peur... Cela se comprend... Que peut-on supposer d'une fille élevée comme je l'ai été, sans mère, sans famille, en tas avec les modèles, les maîtresses de mon père?... Quelles maîtresses, mon Dieu!... Et Jenkins pour seul protecteur... Oh! quand je pense... Quand je pense... »

Et de cette mémoire déjà lointaine, des choses lui arrivaient qui montaient d'un ton sa colère : « Eh! oui, parbleu! Je suis une fille d'aventure, et cet aventurier est bien le mari qu'il me faut.

— Vous attendrez au moins qu'il soit veuf, répondit Jenkins tranquillement... Et, dans ce cas, vous risquez d'attendre longtemps encore, car sa Valentine a l'air de se bien porter. »

Félicia Ruys devint blême.

« Il est marié ?

— Marié, certes, et père d'une trimballée d'enfants. Toute la smala est débarquée depuis deux jours. »

Elle resta une minute atterrée, regardant le vide, un frisson aux joues.

En face d'elle, le large masque du Nabab, avec son nez épaté, sa bouche sensuelle et bonasse, criait de vie et de vérité dans les luisants de l'argile. Elle le contempla un moment, puis fit un pas, et, d'un geste de dégoût, renversa avec sa haute selle de bois le bloc luisant et gras qui s'écrasa par terre en tas de boue.

VII

JANSOULET CHEZ LUI

MARIÉ, il l'était depuis douze ans, mais n'en avait parlé à personne de son entourage parisien, par une habitude orientale, ce silence que les gens de là-bas gardent sur le gynécée. Subitement on apprit que Madame allait venir, qu'il fallait préparer des appartements pour elle, ses enfants et ses femmes. Le Nabab loua tout le second étage de la maison de la place Vendôme, dont le locataire fut exproprié à des prix de Nabab. On agrandit aussi les écuries, le personnel fut doublé ; puis, un jour, cochers et voitures allèrent chercher à la gare de Lyon madame, qui arrivait emplissant d'une suite de négresses, de gazelles, de négrillons un train chauffé exprès pour elle depuis Marseille.

Elle débarqua dans un état d'affaissement épouvantable, anéantie, ahurie de son long voyage en vagon, le premier de sa vie, car, amenée tout enfant à Tunis, elle ne l'avait jamais quitté. De sa voiture, deux nègres la portèrent dans les appartements, sur un fauteuil qui depuis resta toujours en bas sous le porche, tout prêt pour ces déplacements difficiles. Madame Jansoulet ne pouvait monter l'escalier, qui l'étourdissait; elle ne voulut pas des ascenseurs que son poids faisait crier; d'ailleurs, elle ne marchait jamais. Énorme, boursouflée au point qu'il était impossible de lui assigner un âge, entre vingt-cinq ans et quarante, la figure assez jolie, mais tous les traits déformés, des yeux morts sous des paupières tombantes et striées comme des coquilles, fagotée dans des toilettes d'exportation, chargée de diamants et de bijoux en manière d'idole hindoue, c'était le plus bel échantillon de ces Européennes transplantées qu'on appelle des Levantines. Race singulière de créoles obèses, que le langage seul et le costume rattachent à notre monde, mais que l'Orient enveloppe de son atmosphère stupéfiante, des poisons subtils de son air opiacé où tout se détend, se relâche, depuis les tissus de la peau jusqu'aux ceintures des vêtements, jusqu'à l'âme même et la pensée.

Celle-ci était fille d'un Belge immensément riche qui faisait à Tunis le commerce du corail, et chez qui Jansoulet, à son arrivée dans le pays, avait été employé pendant quelques mois. Mademoiselle Afchin, alors une délicieuse poupée d'une dizaine d'années, éblouissante de teint, de cheveux, de santé, venait souvent chercher son père au comptoir dans le grand carrosse attelé de mules qui les emmenait à leur belle villa de la Marse, aux environs de Tunis. Cette gamine, toujours décolletée, aux épaules éclatantes, entrevue dans un cadre luxueux, avait ébloui l'aventurier; et, des années après, lorsque devenu riche, favori du bey, il songea à s'établir, ce fut à elle qu'il pensa. L'enfant s'était changé en une grosse fille, lourde et blanche. Son intelligence, déjà bien obtuse, s'était encore obscurcie dans l'engourdissement d'une existence de loir, l'incurie d'un père tout aux affaires, l'usage des tabacs saturés d'opium et des confitures de roses, la torpeur de son sang flamand compliquée de paresse orientale; en outre, mal élevée, gourmande, sensuelle, altière, un bijou levantin perfectionné.

Mais Jansoulet ne vit rien de tout cela.

Pour lui elle était, elle fut toujours, jusqu'à son arrivée à Paris, une créature supérieure, une personne du plus grand monde, une demoiselle Afchin ; il lui parlait avec respect, gardait vis-à-vis d'elle une attitude un peu courbée et timide, lui donnait l'argent sans compter, satisfaisait ses fantaisies les plus coûteuses, ses caprices les plus fous, toutes les bizarreries d'un cerveau de Levantine détraqué par l'ennui et l'oisiveté. Un seul mot excusait tout : c'était une demoiselle Afchin. Du reste, aucun rapport entre-eux : lui toujours à la Kasbah ou au Bardo, près du bey, à faire sa cour, ou bien dans ses comptoirs ; elle, passant sa journée au lit, coiffée d'un diadème de trois cent mille francs qu'elle ne quittait jamais, s'abrutissant à fumer, vivant comme dans un harem, se mirant, se parant, en compagnie de quelques autres Levantines dont la distraction suprême consistait à mesurer avec leurs colliers des bras et des jambes qui rivalisaient d'embonpoint, faisant des enfants dont elle ne s'occupait pas, qu'elle ne voyait jamais, dont elle n'avait pas même souffert, car on l'accouchait au chloroforme. Un paquet de chair blanche, parfumée au musc. Et, comme disait Jansoulet avec fierté : « J'ai épousé une demoiselle Afchin ! »

Sous le ciel de Paris et sa lumière froide, la désillusion commença. Résolu à s'installer, à recevoir, à donner des fêtes, le Nabab avait fait venir sa femme pour la mettre à la tête de la maison; mais quand il vit débarquer cet étalage d'étoffes criardes, de bijouterie du Palais-Royal, et tout l'attirail bizarre qui suivait, il eut vaguement l'impression d'une reine Pomaré en exil. C'est que maintenant il avait vu de vraies mondaines, et il comparait. Après avoir projeté un grand bal pour l'arrivée, prudemment il s'abstint. D'ailleurs, madame Jansoulet ne voulait voir personne. Ici son indolence naturelle s'augmentait de la nostalgie que lui causèrent, dès en débarquant, le froid d'un brouillard jaune et la pluie qui ruisselait. Elle passa plusieurs jours sans se lever, pleurant tout haut comme un enfant, disant que c'était pour la faire mourir qu'on l'avait amenée à Paris, et ne souffrant pas même le soin de ses femmes. Elle restait là à rugir dans les dentelles de son oreiller, ses cheveux embroussaillés autour de son diadème, les fenêtres de l'appartement fermées, les rideaux joints, les lampes allumées nuit et et jour, criant qu'elle voulait s'en aller...er, s'en aller...er; et c'était lamentable de voir, dans cette nuit de catafalque, les malles à moitié pleines errant sur les tapis, ces gazelles effarées, ces négresses accroupies autour de la crise de nerfs de leur maîtresse, gémissant elles aussi et l'œil hagard comme ces chiens des voyageurs polaires qui deviennent fous à ne plus apercevoir le soleil.

Le docteur irlandais introduit dans cette détresse n'eut aucun succès avec ses manières paternes, ses belles phrases de bouche-en-cœur. La Levantine ne voulut à aucun prix des perles à base d'arsenic pour se donner du ton. Le Nabab était consterné. Que faire? La renvoyer à Tunis avec les enfants? Ce n'était guère possible. Il se trouvait décidément en disgrâce là-bas. Les Hemerlingue triomphaient. Un dernier affront avait comblé la mesure: au départ de Jansoulet, la bey l'avait chargé de faire frapper à la Monnaie de Paris pour plusieurs millions de pièces d'or d'un nouveau module; puis la commande, retirée tout à coup, avait été donnée à Hemerlingue. Outragé publiquement, Jansoulet riposta par une manifestation publique, mettant en vente tous ses biens, son palais du Bardo donné par l'ancien bey, ses villas de la Marse, tout en marbre blanc, entourées de jardins splendides, ses comptoirs les plus vastes, les plus somptueux de la ville, chargeant enfin l'intelligent Bompain de lui ramener sa femme et ses enfants pour bien affirmer un départ définitif. Après un éclat pareil, il ne lui était pas facile de retourner là-bas; c'est ce qu'il essayait de faire comprendre à mademoiselle Afchin, qui ne lui répondait que par de longs gémissements. Il tâcha de la consoler, de l'amuser, mais quelle distraction faire arriver jusqu'à cette nature monstrueusement apathique? Et puis, pouvait-il changer le ciel de Paris, rendre à la malheureuse Levantine son *patio* dallé de marbre où elle passait de longues heures dans un assoupissement frais, délicieux, à entendre l'eau ruisseler sur la grande fontaine d'albâtre à trois bassins superposés, et sa barque dorée, recouverte d'un tendelet de pourpre, que huit rameurs tripolitains, souples et vigoureux, promenaient, le soleil couché, sur le beau lac d'El-Baheira? Si luxueux que fût l'appartement de la place Vendôme, il ne pouvait compenser la perte de ces merveilles. Et plus que jamais elle s'abîmait dans la désolation. Un familier de la maison parvint pourtant à l'en tirer, Cabassu, celui qui s'intitulait sur ses cartes : « professeur de massage, » un gros homme noir et trapu, sentant l'ail et la pommade, carré d'épaules, poilu jusqu'aux yeux, et qui savait des histoires de sérails parisiens, des racontars à la portée de l'intelligence de Madame. Venu une fois pour la masser, elle voulut le revoir, le retint. Il dut quitter tous ses autres clients, et devenir, à des appointements de sénateur, le masseur de cette forte personne, son page, sa lectrice, son garde du corps. Jansoulet, enchanté de voir sa femme contente, ne sentit pas le ridicule bête qui s'attachait à cette intimité.

On apercevait Cabassu au Bois, dans l'énorme et somptueuse calèche à côté de la gazelle favorite, au fond des loges de théâtre que louait la Levantine, car elle sortait maintenant, désengourdie par le traitement de son masseur et décidée à s'amuser. Le théâtre lui plaisait, surtout les farces ou les mélodrames. L'apathie de son gros corps s'animait à la lumière fausse de la rampe. Mais c'était au théâtre de Cardailhac qu'elle allait le plus volontiers. Là, le Nabab se trouvait chez lui. Du premier contrôleur jusqu'à la dernière des ouvreuses, tout le personnel lui appartenait. Il avait une clef de communication pour passer des couloirs sur la scène; et le salon de sa loge décoré à l'orientale, au plafond creusé en nid d'abeilles, aux divans en poil de chameau, le gaz enfermé dans une petite lanterne mauresque, pouvait servir à une sieste pendant les entr'actes un peu longs: une galanterie du directeur à la femme de son commanditaire. Ce singe de Cardailhac ne s'en était pas tenu là; voyant le goût de la demoiselle Afchin pour le théâtre, il avait fini par lui persuader qu'elle en possédait aussi l'intuition, la science, et par lui demander de jeter à ses moments perdus un coup d'œil de juge sur les pièces qu'on lui envoyait. Bonne façon d'agrafer plus solidement la commandite.

Pauvres manuscrits à couverture bleue ou jaune, que l'espérance a noués de rubans fragiles, qui vous en allez gonflés d'ambition et de rêves, qui sait quelles mains vous entr'ouvrent, vous feuillettent, quels doigts indiscrets déflorent votre charme d'inconnu, cette poussière brillante que garde l'idée toute fraîche? Qui vous juge et qui vous condamne? Parfois, avant d'aller dîner en ville, Jansoulet, montant dans la chambre de sa femme, la trouvait sur sa chaise longue, en train de fumer, la tête renversée, des liasses de manuscrits à côté d'elle, et Cabassu, armé d'un crayon bleu, lisant avec sa grosse voix et ses intonations du Bourg-Saint-Andéol quelque élucubration dramatique qu'il biffait, balafrait sans pitié à la moindre critique de la dame. « Ne vous dérangez pas, » faisait avec la main le bon Nabab entrant sur la pointe des pieds. Il écoutait, hochait la tête d'un air admiratif en regardant sa femme: « Elle est étonnante, » car lui n'entendait rien à la littérature, et là, du moins, il retrouvait la supériorité de mademoiselle Afchin.

« Elle avait l'instinct du théâtre, » comme disait Cardailhac; mais, en revanche, l'instinct maternel lui manquait. Jamais elle ne s'occupait de ses enfants, les abandonnant à des mains étrangères, et, quand on les lui amenait, une fois par mois, se contentant de leur tendre la chair flasque et morte de ses joues entre deux bouffées de cigarette, sans s'informer de ces détails de soins, de santé qui perpétuent l'attache physique de la maternité, font saigner dans le cœur des vraies mères la moindre souffrance de leurs enfants.

C'étaient trois gros garçons, lourds et apathiques, de onze, neuf et sept ans, ayant, dans le teint blême et l'enflure précoce de la Levantine, les yeux noirs, veloutés et bons de leur père. Ignorants comme de jeunes seigneurs du moyen âge; à Tunis, M. Bompain dirigeait leurs études, mais à Paris, le Nabab, tenant à leur donner le bénéfice d'une éducation parisienne, les avait mis dans le pensionnat le plus « chic, » le plus cher, au collège Bourdaloue dirigé par de bons Pères qui cherchaient moins à instruire leurs élèves qu'à en faire des hommes du monde bien tenus et bien pensants, et arrivaient à former de petits monstres gourmés et ridicules, dédaigneux du jeu, absolument ignorants, sans rien de spontané ni d'enfantin, et d'une précocité désespérante. Les petits Jansoulet ne s'amusaient pas beaucoup dans cette serre à primeurs, malgré les immunités dont jouissait leur immense fortune; ils étaient vraiment trop abandonnés. Encore les créoles confiés à l'institution avaient-ils des correspondants et des visites; eux, n'étaient jamais appelés au parloir, on ne connaissait personne de leurs proches, seulement, de temps à autre, ils recevaient des pannerées de friandises, des écroulements de brioches. Le Nabab, en course dans Paris, dévalisait pour eux toute une devanture de confiseur qu'il faisait porter au collége avec cet élan de cœur mêlé d'une ostentation de nègre, qui caractérisait tous ses actes. De même pour les joujoux, toujours trop beaux, pomponnés, inutiles, de ces joujoux qui font la montre et que le Parisien n'achète pas. Mais ce qui attirait surtout aux petits Jansoulet le respect des élèves et des maîtres, c'était leur porte-monnaie gonflé d'or, toujours prêt pour les quêtes, pour les fêtes de professeurs, et les visites de charité, ces fameuses visites organisées par le collége Bourdaloue, une des tentations du programme, l'émerveillement des âmes sensibles.

Deux fois par mois, à tour de rôle, les élèves faisant partie de la petite société de Saint-Vincent-de-Paul, fondée au collége sur le modèle de la grande, s'en allaient par petites escouades, seuls comme des hommes, porter au fin fond des faubourgs populeux des secours et des consolations. On voulait leur apprendre ainsi la charité expérimentale, l'art de connaître les besoins, les misères du peuple, et de panser ses plaies, toujours un peu écœurantes, à l'aide d'un cérat de bonnes paroles et de maximes ecclésiastiques. Consoler, évangéliser les masses par l'enfance, désarmer l'incrédulité religieuse par la jeunesse et la naïveté des apôtres : tel était le but de la petite Société, but entièrement manqué, du reste. Les enfants, bien portants, bien vêtus, bien nourris, n'allant qu'à des adresses désignées d'avance, trouvaient des pauvres de bonne mine, parfois un peu malades, mais très propres, déjà inscrits et secourus par la riche organisation de l'Église. Jamais ils ne tombaient dans un de ces intérieurs nauséabonds, où la faim, le deuil, l'abjection, toutes les tristesses physiques ou morales s'inscrivent en lèpre sur les murs, en rides indélébiles sur les fronts. Leur visite était préparée comme celle du souverain entrant dans un corps de garde pour goûter la soupe du soldat ; le corps de garde est prévenu, et la soupe assaisonnée pour les papilles royales... Avez-vous vu ces images des livres édifiants, où un petit communiant, sa ganse au bras, son cierge à la main, et tout frisé, vient assister sur son grabat un pauvre vieux qui tourne vers le ciel des yeux blancs ? Les visites de charité avaient le même convenu de mise en scène, d'intonation. Aux gestes compassés des petits prédicateurs aux bras trop courts, répondaient des paroles apprises, fausses à faire loucher. Aux encouragements comiques, aux « consolations prodiguées » en phrases de livres de prix par des voix de jeunes coqs enrhumés, les bénédictions attendries, les momeries geignardes et piteuses d'un porche d'église à la sortie de vêpres. Et sitôt les jeunes visiteurs partis, quelle explosion de rires et de cris dans la mansarde, quelle danse en rond autour de l'offrande apportée, quel bouleversement du fauteuil où l'on avait joué au malade, de la tisane répandue dans le feu, un feu de cendres très artistement préparé !

Quand les petits Jansoulet sortaient, chez leurs parents, on les confiait à l'homme au fez rouge, à l'indispensable Bompain. C'est Bompain qui les menait aux Champs-Élysées, parés de vestons anglais, de melons à la dernière mode, — à sept ans ! — de petites cannes au bout de leurs gants en peau de chien. C'est Bompain qui faisait bourrer de victuailles le break de courses où il montait avec les enfants, leur carte au chapeau contournée d'un voile vert, assez semblables à ces personnages de pantomimes lilliputiennes dont tout le comique réside dans la grosseur des têtes, comparée aux petites jambes et aux gestes de nains. On fumait, on buvait à pitié. Quelquefois, l'homme au fez, tenant à peine debout, les ramenait affreusement malades... Et pourtant, Jansoulet les aimait, ses « petits, » le cadet, surtout, qui lui rappelait, avec ses grands cheveux, son air poupin, la petite Afchin passant dans son carrosse. Mais ils avaient encore l'âge où les enfants appartiennent à la mère, où ni le grand tailleur, ni les maîtres parfaits, ni la pension chic, ni les poneys sanglés pour les petits hommes dans l'écurie, rien ne remplace la main attentive et soigneuse, la chaleur et la gaieté du nid. Le père ne pouvait pas leur donner cela, lui ; et puis il était si occupé !

Mille affaires : la *Caisse Territoriale*, l'installation de la galerie de tableaux, des courses au Tattersall avec Bois-l'Héry, un bibelot a aller voir, ici ou là, chez des amateurs désignés par Schwalbach, des heures passées avec les entraîneurs, les jockeys, les marchands de curiosités, l'existence encombrée et multiple d'un bourgeois gentilhomme du Paris moderne. Il gagnait à tous ces frottements de se parisianiser un peu plus chaque jour, reçu au cercle de Monpavon, au foyer de la danse, dans les coulisses de théâtre, et présidant toujours ses fameux déjeuners de garçon, les seules réceptions possibles dans son intérieur. Son existence était réellement très remplie, et encore, de Géry le déchargeait-il de la plus grande corvée, le département si compliqué des demandes et des secours.

Maintenant, le jeune homme assistait à sa place à toutes les inventions audacieuses et burlesques, à toutes les combinaisons héroï-comiques de cette mendicité de grande ville, organisée comme un ministère, innombrable comme une armée, abonnée aux journaux, et sachant son *Bottin* par cœur. Il recevait la dame blonde, hardie, jeune et déjà fanée, qui ne demande que cent louis, avec la menace de se jeter à l'eau tout de suite en sortant, si on ne les lui donne pas, et la grosse matrone, l'air avenant, sans façon, qui dit en entrant: « Monsieur, vous ne me connaissez pas... je n'ai pas l'honneur de vous connaître non plus; mais nous aurons fait vite connaissance... Veuillez vous asseoir et causons. » Le commerçant aux abois, à la veille de la faillite, — c'est quelquefois vrai, — qui vient supplier qu'on lui sauve l'honneur, un pistolet tout prêt pour le suicide, bossuant la poche de son paletot, quelquefois ce n'est que l'étui de sa pipe. Et souvent de vraies détresses, fatigantes et prolixes, de gens qui ne savent même pas raconter combien ils sont malhabiles à gagner leur vie. A côté de ces mendicités découvertes, il y avait celles qui se déguisent: charité, philanthropie, bonnes œuvres, encouragements artistiques, les quêtes à domicile pour les crèches, les paroisses, les repenties, les sociétés de bienfaisance, les bibliothèques d'arrondissement. Enfin, celles qui se parent d'un masque mondain: les billets de concert, les représentations à bénéfices, les cartes de toutes couleurs, « estrade, premières, places réservées. » Le Nabab exigeait qu'on ne refusât aucune offrande, et c'était encore un progrès qu'il ne s'en chargeât plus lui-même. Assez longtemps, il avait couvert d'or, avec une indifférence généreuse, toute cette exploitation hypocrite, payant cinq cents francs une entrée au concert de quelque cithariste wurtembergeoise ou d'un joueur de galoubet languedocien, qu'aux Tuileries ou chez le duc de Mora on aurait cotée dix francs. A certains jours, le jeune de Géry sortait de ces séances écœuré jusqu'à la nausée. Toute l'honnêteté de sa jeunesse se révoltait ; il essayait auprès du Nabab des tentatives de réforme. Mais celui-ci, au premier mot, prenait la physionomie ennuyée des natures faibles, mises en demeure de se prononcer, ou bien il répondait avec un haussement de ses solides épaules : « Mais, c'est Paris, cela, mon cher enfant... ne vous effarouchez pas, laissez-moi faire... je sais où je vais et ce que je veux. »

Il voulait alors deux choses, la députation et la croix. Pour lui, c'étaient les deux premiers étages de la grande montée, où son ambition le poussait. Député, il le serait certainement par la *Caisse Territoriale*, à la tête de laquelle il se trouvait. Paganetti de Porto-Vecchio le lui disait souvent :

— Quand le jour sera venu, l'île se lèvera et votera pour vous, comme un seul homme.

Seulement, ce n'est pas tout d'avoir des électeurs; il faut encore qu'un siége soit vacant à la Chambre, et la Corse y comptait tous ses représentants au complet. L'un d'eux, pourtant, le vieux Popolasca, infirme, hors d'état d'accomplir sa tâche, aurait peut-être, à de certaines clauses, donné volontiers sa démission. C'était une affaire délicate à traiter, mais très faisable, le bonhomme ayant une famille nombreuse, des terres qui ne rapportaient pas le deux, un palais en ruine à Bastia, où ses enfants se nourrissaient de *polenta*, et un logement à Paris, dans un garni de dix-huitième ordre. En ne regardant pas à cent ou deux cent mille francs, on devait venir à bout de cet honorable affamé qui, tâté par Paganetti, ne disait ni oui ni non, séduit par la grosse somme, retenu par la gloriole de sa situation. L'affaire en était là, pouvait se décider un jour ou l'autre.

Pour la croix, tout allait encore mieux. L'œuvre de Béthléem avait décidément fait aux Tuileries un bruit du diable. On n'attendait plus que la visite de M. de La Perrière et son rapport qui ne pouvait manquer d'être favorable, pour inscrire sur la liste du 16 mars, à la date d'un anniversaire impérial, le glorieux nom de Jansoulet... Le 16 mars, c'est-à-dire avant un mois... Que dirait le gros Hemerlingue de cette insigne faveur, lui qui, depuis si longtemps, devait se contenter du Nisham. Et le bey, à qui l'on avait fait croire que Jansoulet était au ban de la société parisienne, et la vieille mère, là-bas, à Saint-Romans, toujours si heureuse des succès de son fils!... Est-ce que cela ne valait pas quelques millions habilement gaspillés et laissés aux oiseaux sur cette route de la gloire où le Nabab marchait en enfant, sans souci d'être dévoré tout au bout? Et n'y avait-il pas dans ces joies extérieures, ces honneurs, cette considération chèrement achetés, une compensation à tous les déboires de cet oriental reconquis à la vie européenne, qui voulait un foyer et n'avait qu'un caravansérail, cherchait une femme et ne trouvait qu'une Levantine.

VIII

L'ŒUVRE DE BETHLÉEM.

BETHLÉEM! Pourquoi ce nom légendaire et doux, chaud comme la paille de l'étable miraculeuse, vous faisait-il si froid à voir écrit en lettres dorées tout en haut de cette grille de fer? Cela tenait peut-être à la mélancolie du paysage, cette immense plaine triste qui va de Nanterre à Saint-Cloud, coupée seulement par quelques bouquets d'arbres ou la fumée des cheminées d'usine. Peut-être aussi à la disproportion existant entre l'humble bourgade invoquée, et l'établissement grandiose, cette villa genre Louis XIII en béton aggloméré, toute rose entre les branches de son parc défeuillé, où s'étalaient de grandes pièces d'eau épaisses de mousses vertes. Ce qui est sûr, c'est qu'en passant là, le cœur se serrait. Quand on entrait, c'était bien autre chose. Un silence lourd, inexplicable, pesait sur la maison, où les figures apparues aux fenêtres avaient un aspect lugubre derrière les petits carreaux verdâtres à l'ancienne mode. Les chèvres nourricières promenées dans les allées mordillaient languissamment les premières pousses, avec des « bééé » vers leur gardienne ennuyée aussi et suivant les visiteurs d'un œil morne. Un deuil planait, le désert et l'effroi d'une contagion. Ç'avait été pourtant une propriété joyeuse, et où naguère encore on ripaillait largement. Aménagée pour la chanteuse célèbre qui l'avait vendue à Jenkins, elle révélait bien l'imagination particulière aux théâtres de chant, par un pont jeté sur sa pièce d'eau où la nacelle défoncée s'emplissait de feuilles moisies, et son pavillon tout en rocailles, enguirlandé de lierres grimpants. Il en avait vu de drôles, ce pavillon du temps de la chanteuse, maintenant il en voyait de tristes, car l'infirmerie était installée là.

A vrai dire, tout l'établissement n'était qu'une vaste infirmerie. Les enfants, à peine arrivés, tombaient malades, languissaient et finissaient par mourir, si les parents ne les remettaient vite sous la sauvegarde du foyer. Le curé de Nanterre s'en allait si souvent à Bethléem avec ses vêtements noirs et sa croix d'argent, le menuisier avait tant de commandes pour la maison, qu'on le savait dans le pays et que les mères indignées montraient le poing à la nourricerie modèle, de très loin, seulement, pour peu qu'elles eussent sur les bras un poupon blanc et rose à soustraire à toutes les contagions de l'endroit. C'est ce qui donnait à cette pauvre demeure un aspect si navrant. Une maison où les enfants meurent ne peut pas être gaie; impossible d'y voir les arbres fleurir, les oiseaux nicher, l'eau couler en risette d'écume.

La chose paraissait désormais acquise. Excellente en soi, l'œuvre de Jenkins était d'une application extrêmement difficile, presque impraticable. Dieu sait pourtant qu'on avait monté l'affaire avec un excès de zèle dans tous les moindres détails, autant d'argent et de monde qu'il en fallait. A la tête, un praticien des plus habiles, M. Pondevèz, élève des hopitaux de Paris; et près de lui, pour les soins plus intimes, une femme de confiance, madame Polge. Puis des bonnes, des lingères, des infirmières. Et que de perfectionnements et d'entretien, depuis l'eau distribuée dans cinquante robinets à système, jusqu'à l'omnibus, avec son cocher à la livrée de Bethléem, s'en allant vers la gare de Rueil à tous les trains de la journée, en secouant ses grelots de poste. Enfin des chèvres magnifiques, des chèvres du

Thibet, soyeuses, gonflées de lait. Tout était admirable comme organisation ; mais il y avait un point où tout choppait. Cet allaitement artificiel, tant prôné par la réclame, n'agréait pas aux enfants. C'était une obstination singulière, un mot d'ordre qu'ils se donnaient entre eux, d'un seul coup d'œil, pauvres petits chats, car ils ne parlaient pas encore, la plupart même ne devaient jamais parler : « Si vous voulez, nous ne téterons pas les chèvres. » Et ils ne tétaient pas, ils aimaient mieux mourir l'un après l'autre que de les téter. Est-ce que le Jésus de Bethléem, dans son étable, était nourri par une chèvre ? Est-ce qu'il ne pressait pas au contraire un sein de femme, doux et plein, sur lequel il s'endormait quand il n'avait plus soif ? Qui donc a jamais vu de chèvre entre le bœuf et l'âne légendaires, dans cette nuit où les bêtes parlaient ? Alors, pourquoi mentir, pourquoi s'appeler Bethléem ?...

Le directeur s'était ému d'abord de tant de victimes. Épave de la vie du « quartier, » ce Pondevèz, étudiant de vingtième année, bien connu dans tous les débits de prunes du boulevard Saint-Michel sous le nom de Pompon, n'était pas un méchant homme. Quand il vit le peu de succès de l'alimentation artificielle, il prit tout bonnement quatre ou cinq vigoureuses nourrices dans le pays, et il n'en fallut pas plus pour rendre l'appétit aux enfants. Ce mouvement d'humanité faillit lui coûter sa place.

« Des nourrices à Bethléem! dit Jenkins furieux lorsqu'il vint faire sa visite hebdomadaire... Êtes vous fou ? Eh bien ! alors, pourquoi les chèvres, et les pelouses pour les nourrir, et mon idée, et les brochures sur mon idée ?... Qu'est-ce que tout cela devient ?... Mais vous allez contre mon système, vous volez l'argent du fondateur...

— Cependant, mon cher maître, essayait de répondre l'étudiant passant les mains dans les poils de sa longue barbe rousse, cependant... puisqu'ils ne veulent pas de cette nourriture...

Eh bien! qu'ils jeûnent, mais que le principe de l'allaitement artificiel soit respecté... Tout est là... Je ne veux plus avoir à vous le répéter. Renvoyez-moi ces affreuses nourrices... Nous avons pour élever nos enfants le lait de vache, à l'extrême rigueur; mais je ne saurais leur accorder davantage. »

Il ajouta, en prenant son air d'apôtre:

« Nous sommes ici pour la démonstration d'une grande idée philanthropique. Il faut qu'elle triomphe, même au prix de quelques sacrifices. Veillez-y. »

Pondevèz n'insista pas. Après tout, la place était bonne, assez près de Paris pour permettre, le dimanche, des descentes du Quartier à Nanterre, ou la visite du directeur à ses anciennes brasseries. Madame Polge — que Jenkins appelait toujours, « notre intelligente surveillante » et qu'il avait mise là, en effet, pour surveiller, principalement le directeur — n'était pas aussi sévère que ses attributions l'auraient fait croire et cédait volontiers à quelques petits verres de « fine » ou à une partie de bézigue en quinze cents. Il renvoya donc les nourrices et essaya de se blaser sur tout ce qui pouvait arriver. Ce qui arriva ? Un vrai Massacre des Innocents. Aussi, les quelques parents un peu aisés, ouvriers ou commerçants de faubourg, qui, tentés par les annonces, s'étaient séparés de leurs enfants, les reprenaient bien vite, et il ne resta plus dans l'établissement que les petits malheureux ramassés sous les porches ou dans les terrains vagues, expédiés par les hospices, voués à tous les maux dès leur naissance. La mortalité augmentant toujours, même ceux-là vinrent à manquer, et l'omnibus parti en poste au chemin de fer s'en revenait bondissant et léger comme un corbillard vide. Combien cela durerait-il ? Combien de temps mettraient-ils à mourir, les vingt-cinq ou trente petits qui restaient ? C'est ce que se demandait un matin M. le directeur ou plutôt, comme il s'était surnommé lui-même, M. le préposé aux décès de Pondevèz, assis en face des coques vénérables de madame Polge et faisant, après le déjeuner, la partie favorite de cette personne.

« Oui, ma bonne madame Polge, qu'allons-nous devenir ?... Ça ne peut pas durer longtemps comme cela... Jenkins ne veut pas en démordre, les gamins sont entêtés comme des chevaux... Il n'y a pas à dire, ils nous passent tous entre les mains... Voilà le petit Valaque — quatre-vingts de rois, madame Polge — qui va mourir d'un moment à l'autre. Vous pensez, ce pauvre petit gosse, depuis trois jours qu'il ne s'est rien collé dans l'œsophage... Jenkins a beau dire ; on ne bouffie pas les enfants comme les escargots, en les faisant jeûner... C'est désolant tout de même de n'en pas pouvoir sauver un... L'infirmerie est bondée... Vrai de vrai, ça prend une fichue tournure... Quarante de bezigue... »

Deux coups sonnés à la grille de l'entrée interrompirent son monologue. L'omnibus revenait du chemin de fer et ses roues grinçaient sur le sable d'une façon inaccoutumée.

« C'est étonnant, dit Pondevèz... la voiture n'est pas vide. »

Elle vint effectivement se ranger au bas du perron avec une certaine fierté, et l'homme qui en descendit franchit l'escalier d'un bond. C'était une estafette de Jenkins apportant une grande nouvelle : le docteur arriverait dans deux heures pour visiter l'asile, avec le Nabab et un monsieur des Tuileries. Il recommandait bien que tout fût prêt pour les recevoir. La chose s'était décidée si brusquement qu'il n'avait pas eu le temps d'écrire; mais il comptait que M. Pondevèz ferait le nécessaire.

« Il est bon, là, avec son nécessaire ! » murmura Pondevèz tout effaré... La situation était critique. Cette visite importante tombait au plus mauvais moment, en pleine débâcle du système. Le pauvre Pompon, très perplexe, tiraillait sa barbe, en en mâchant des brins.

— Allons, dit-il tout à coup à madame Polge, dont la longue figure s'allongeait encore entre ses coques. Nous n'avons qu'un parti à prendre. Il nous faut déménager l'infirmerie, transporter tous les malades dans le dortoir. Ils n'en iront ni mieux ni plus mal pour être réinstallés là une demi-journée. Quant aux gourmeux, nous les serrerons dans un coin. Ils sont trop laids, on ne les montrera pas... Allons-y, ho ! tout le monde sur le pont. »

La cloche du dîner mise en branle, aussitôt des pas se précipitent. Lingères, infirmières, servantes, gardeuses, sortent de partout, courent, se heurtent dans les escaliers, à travers les cours. Des ordres se croisent, des cris, des appels; mais ce qui domine, c'est le bruit d'un grand lavage, d'un ruissellement d'eau comme si Bethléem venait d'être surpris par les flammes. Et ces plaintes d'enfants malades, arrachés à la tiédeur de leurs lits, tous ces petits paquets beuglants, transportés à travers le parc humide, avec des flottements de couvertures entre les branches, complètent bien cette impression d'incendie. Au bout de deux heures, grâce à une activité prodigieuse, la maison, du haut en bas, est prête à la visite qu'elle va recevoir, tout le personnel à son poste, le calorifère allumé, les chèvres pittoresquement disséminées dans le parc. Madame Polge a revêtu sa robe de soie verte, le directeur, une tenue un peu moins négligée qu'à l'ordinaire, mais dont la simplicité exclut toute idée de préméditation. Le secrétaire des commandements peut venir.

Et le voilà.

Il descend avec Jenkins et Jansoulet d'un carosse superbe, à la livrée rouge et or du Nabab. Feignant le plus grand étonnement, Pondevèz s'est élancé au devant de ses visiteurs :

« Ah ! M. Jenkins quel honneur !... Quelle surprise ! »

Il y a des saluts échangés sur le perron, des révérences, des poignées de main, des présentations. Jenkins, son paletot flottant, large ouvert sur sa loyale poitrine, épanouit son meilleur et plus cordial sourire ; pourtant un pli significatif traverse son front. Il est inquiet des surprises que leur ménage l'établissement dont il connaît mieux que personne la détresse. Pourvu que Pondevèz ait pris ses précautions... Cela commence bien, du reste. Le coup d'œil un peu théâtral de l'entrée, ces toisons blanches bondissant à travers les taillis ont ravi M. de la Perrière, qui ressemble lui-même avec ses yeux naïfs, sa barbiche blanche, le hochement continuel de sa tête, à une chèvre échappée à son pieu.

« D'abord, Messieurs, la pièce importante de la maison, la Nursery, » dit le directeur en ouvrant une porte massive au fond de l'antichambre. Ces messieurs le suivent, descendent quelques marches, et se trouvent dans une immense salle basse, carrelée, l'ancienne cuisine du château. Ce qui frappe en entrant, c'est une haute et vaste cheminée sur le modèle d'autrefois, en briques rouges, deux bancs de pierre se faisant face sous le manteau, avec les armes de la chanteuse — une lyre énorme barrée d'un rouleau de musique — sculptées au fronton monumental. L'effet est saisissant; mais il vient de là un vent terrible qui, joint au froid du carrelage, à la lumière blafarde tombant des soupiraux au ras de terre, effraie pour le bien être des enfants. Que voulez-vous? On a été obligé d'installer la Nursery dans cet endroit insalubre à cause des nourrices champêtres et capricieuses, habituées au sans-gêne de l'étable; il n'y a qu'à voir les mares de lait, les grandes flaques rougeâtres séchant sur le carreau, qu'à respirer l'odeur âcre qui vous saisit en entrant, mêlée de petit-lait, de poil mouillé et de bien d'autres choses, pour se convaincre de cette absolue nécessité.

La pièce est si haute dans ses parois obscures que les visiteurs, tout d'abord, ont cru la nourricerie déserte. On distingue pourtant dans le fond un groupe bêlant, geignant et remuant... Deux femmes de campagne, l'air dur, abruti, la face terreuse, deux « nourrices sèches » qui méritent bien leur nom, sont assises sur des nattes, leur nourrisson sur les bras, chacune ayant devant elle une grande chèvre qui tend son pis, les pattes écartées. Le directeur paraît joyeusement surpris :

« Ma foi, Messieurs, voici qui se trouve bien... Deux de nos enfants sont en train de faire un petit lunch... Nous allons voir comment nourrices et nourrissons s'entendent.

— Qu'est-ce qu'il a ?... Il est fou, » se dit Jenkins terrifié.

Mais le directeur est très lucide au contraire, et lui-même a savamment organisé la mise en scène, en choisissant deux bêtes patientes et douces, et deux sujets exceptionnels, deux petits enragés qui veulent vivre à tout prix et ouvrent le bec à n'importe quelle nourriture comme des oiseaux encore au nid.

« Approchez-vous, Messieurs, et rendez-vous compte. »

C'est qu'ils tètent véritablement, ces chérubins. L'un, blotti, ramassé derrière le ventre de la chèvre, y va de si bon cœur qu'on entend les glouglous du lait chaud descendre jusque dans les petites jambes agitées par le contentement du repas. L'autre, plus calme, étendu paresseusement, a besoin de quelques petits encouragements de sa gardienne auvergnate :

« Tète, mais tète donc, bougrri!... »

Puis, à la fin, comme s'il avait pris une résolution subite, il se met à boire avec tant d'ardeur que la femme se penche vers lui, surprise de cet appétit extraordinaire, et s'écrie en riant :

«Ah! le bandit, en a-t-il de la malice... c'est son pouce qu'il tète à la place de la cabre. »

Il a trouvé cela, cet ange, pour qu'on le laisse tranquille... L'incident ne fait pas mauvais effet; au contraire, M. de la Perrière s'amuse beacoup de cette idée de nourrice, que l'enfant a voulu leur faire une niche. Il sort de la Nursery enchanté. « Positivement en... en... enchanté, » répète-t-il la tête branlante, en montant le grand escalier aux murs sonores, décorés de bois de cerf, qui conduit au dortoir.

Très claire, très aérée, cette vaste salle occupant toute une façade a de nombreuses fenêtres, des berceaux espacés, tendus de rideaux floconneux et blancs comme des nuées. Des femmes vont et viennent dans la large travée du milieu, des piles de linge sur les bras, des clefs à la main, surveillantes ou « remueuses. » Ici l'on a voulu trop bien faire, et la première impression des visiteurs est mauvaise. Toutes ces blancheurs de mousseline, ce parquet ciré où la lumière s'étale sans se fondre, la netteté des vitres reflétant le ciel tout triste de voir ces choses, font mieux ressortir la maigreur, la pâleur malsaine de ces petits moribonds couleur de suaire... Hélas! les plus âgés n'ont que six mois, les plus jeunes quinze jours à peine, et, déjà, il y a sur tous ces visages, ces embryons de visages, une expression chagrine, des airs renfrognés et vieillots, une précocité souffrante, visible dans les plis nombreux de ces petits fronts chauves, engoncés de béguins festonnés de maigres dentelles d'hospice. De quoi souffrent-ils? Qu'est-ce qu'ils ont? Ils ont tout, tout ce qu'on peut avoir : maladies d'enfant et maladies d'homme. Fruits du vice et de la misère, ils apportent en naissant de hideux phénomènes d'hérédité. Celui-là a le palais perforé, un autre de grandes plaques cuivrées sur le front, tous le muguet. Puis ils meurent de faim. En dépit des cuillerées de lait, d'eau sucrée qu'on leur introduit de force dans la bouche, d'un peu de biberon employé malgré la défense, ils s'en vont d'inanition. Il faudrait à ces épuisés avant de naître la nourriture la plus jeune, la plus fortifiante; les chèvres pourraient peut-être la leur donner, mais ils ont juré de ne pas téter les chèvres. Et voilà ce qui rend le dortoir lugubre et silencieux, sans une de ces petites colères à poings fermés, un de ces cris montrant les gencives roses et droites, où l'enfant essaie son souffle et ses forces; à peine un vagissement plaintif, comme l'inquiétude d'une âme qui se retourne en tous sens dans un petit corps malade, sans pouvoir trouver la place pour y rester.

Jenkins et le directeur qui se sont aperçus du mauvais effet que la visite du dortoir produit sur leurs hôtes, essaient d'animer la situation, parlent très fort, d'un air bon enfant, tout rond et satisfait. Jenkins donne une grande poignée de main à la surveillante :

« Eh bien! madame Polge, ça va, nos petits élèves?

— Comme vous voyez, monsieur le docteur, » répond-elle en montrant les lits.

Elle est funèbre dans sa robe verte, cette grande Madame Polge, idéal des nourrices sèches; elle complète le tableau.

Mais où donc est passé M. le secrétaire des commandements? Il s'est arrêté devant un berceau, qu'il examine tristement, debout et la tête branlante.

« Bigre de bigre! dit Pompon tout bas à Madame Polge... C'est le Valaque. »

La petite pancarte bleue accrochée en haut du berceau, comme dans les hospices, constate en effet la nationalité de l'enfant : « Moldo-Valaque. » Quel guignon que l'attention de M. le secrétaire se soit portée justement sur celui-là!... Oh! la pauvre petite tête couchée sur l'oreiller, son béguin de travers, les narines pincées, la bouche entr'ouverte par un souffle court, haletant, le souffle de ceux qui viennent de naître, aussi de ceux qui vont mourir...

« Est-ce qu'il est malade? demande doucement M. le secrétaire au directeur qui s'est rapproché.

— Mais pas le moins du monde... » a répondu l'effronté Pompon, et s'avançant vers le berceau, il fait une risette au petit avec son doigt, redresse l'oreiller, dit d'une voix mâle un peu bourrue de tendresse : « Eh! ben, mon vieux bonhomme?... » Secoué de sa torpeur, sortant de l'ombre qui l'enveloppe déjà, le petit ouvre les yeux sur ces visages penchés vers lui, les regarde avec une morne indifférence, puis, retournant à son rêve qu'il trouve plus beau, crispe ses petites mains ridées et pousse un soupir insaisissable. Mystère! Qui dira ce qu'il était venu faire dans la vie, celui-là? Souffrir deux mois, et s'en aller sans avoir rien vu, rien compris, sans qu'on connaisse seulement le son de sa voix.

« Comme il est pâle!... » murmure M. de la Perrière, très pâle lui-même. Le Nabab est livide aussi. Un souffle froid vient de passer. Le directeur prend un air dégagé :

« C'est le reflet... nous sommes tous verts ici.

— Mais oui,.. mais oui... fait Jenkins, c'est le reflet de la pièce d'eau... Venez donc voir, monsieur le secrétaire. » Et il l'attire vers la croisée pour lui montrer la grande pièce d'eau où trempent les saules, pendant que madame Polge se dépêche de tirer sur le rêve éternel du petit Valaque les rideaux détendus de sa bercelonnette.

Il faut continuer bien vite la visite de l'établissement, pour détruire cette fâcheuse impression.

D'abord on montre à M. de la Perrière une buanderie splendide, avec étuves, séchoirs, thermomètres, immenses armoires de noyer ciré, pleines de béguins, de brassières, étiquetés, noués par douzaines. Une fois le linge chauffé, la lingère le passe par un petit guichet en échange du numéro que laisse la nourrice. On le voit, c'est un ordre parfait, et tout, jusqu'à sa bonne odeur de lessive, donne à cette pièce un aspect sain et campagnard. Il y a ici de quoi vêtir cinq cents enfants. C'est ce que Bethléem peut contenir, et tout a été établi sur ces proportions : la pharmacie immense, étincelante de verreries et d'inscriptions latines, des pilons de marbre dans tous les coins, l'hydrothérapie aux larges piscines de pierre, aux baignoires luisantes, au gigantesque appareil traversé de tuyaux de toutes tailles pour la douche ascendante et descendante, en pluie, en jet, en coups de fouet, et les cuisines ornées de superbes chaudrons de cuivre gradués, de fourneaux économiques à charbon et à gaz. Jenkins a voulu faire un établissement modèle; et la chose lui a été facile, car on a travaillé dans le grand, comme quand les fonds ne manquent pas. On sent aussi sur tout cela l'expérience et la main de fer de « notre intelligente surveillante, » à qui le directeur ne peut s'empêcher de rendre un hommage public. C'est le signal d'une congratulation générale; M. de la Perrière, ravi de la façon dont l'établissement est monté, félicite le docteur Jenkins de sa belle création, Jenkins complimente son ami Pondevèz, qui remercie à son tour le secrétaire des commandements d'avoir bien voulu honorer Bethléem de sa visite. Le bon Nabab mêle sa voix à ce concert d'éloges, trouve un mot aimable pour chacun, mais s'étonne un peu tout de même qu'on ne l'ait pas félicité lui aussi, puisqu'on y était. Il est vrai que la meilleure des félicitations l'attend au 16 mars en tête du *Moniteur*, dans un décret qui flamboie d'avance à ses yeux et le fait loucher du côté de sa boutonnière.

Ces bonnes paroles s'échangent le long d'un

grand corridor où les voix sonnent dans leurs intonations prud'hommesques; mais, tout à coup, un bruit épouvantable interrompit la conversation et la marche des visiteurs. Ce sont des miaulements de chats en délire, des beuglements, des hurlements de sauvages au poteau de guerre, une effroyable tempête de cris humains, répercutée, grossie et prolongée par la sonorité des hautes voûtes. Cela monte et descend, s'arrête soudain, puis reprend avec un ensemble extraordinaire. M. le directeur s'inquiète, interroge. Jenkins roule des yeux furibonds.

« Continuons, dit le directeur, un peu troublé cette fois... Je sais ce que c'est. »

Il sait ce que c'est; mais M. de la Perrière veut le savoir aussi, et avant que Pondevèz ait pu l'ouvrir, il pousse la porte massive d'où vient cet horrible concert.

Dans un chenil sordide qu'a épargné le grand lessivage, car on ne comptait certes pas le montrer, sur des matelas rangés à terre, une dizaine de petits monstres sont étendus, gardés par une chaise vide où se prélasse un tricot commencé, et par un petit pot égueulé, plein de vin chaud, bouillant sur un feu de bois qui fume. Ce sont les teigneux, les gourmeux, les disgraciés de Bethléem que l'on a cachés au fond de ce coin retiré, — avec recommandation à leur nourrice sèche de les bercer, de les apaiser, de s'asseoir dessus au besoin pour les empêcher de crier; — mais que cette femme de campagne, inepte et curieuse, a laissés là pour aller voir le beau carrosse stationnant dans la cour. Derrière elle, les maillots se sont vite fatigués de leur position horizontale; et rouges, couverts de boutons, tous ces petits « croûte-levés » ont poussé leur concert robuste, car ceux-là, par miracle, sont bien portants, leur mal les sauve et les nourrit. Éperdus et remuants comme des hannetons renversés, s'aidant des reins, des coudes, les uns, tombés sur le côté, ne pouvant plus reprendre d'équilibre, les autres, dressant en l'air, toutes gourdes, leurs petites jambes emmaillotées, ils arrêtent spontanément leurs gesticulations et leurs cris en voyant la porte s'ouvrir; mais la barbiche branlante de M. de la Perrière les rassure, les encourage de plus belle et, dans le vacarme recrudescent, c'est à peine si l'on distingue l'explication donnée par le directeur : « Enfants mis à part... Contagion... maladies de peau. » M. le secrétaire des commandements n'en demande pas davantage; moins héroïque que Bonaparte en sa visite aux pestiférés de Jaffa, il se précipite vers la porte et, dans son trouble craintif, voulant dire quelque chose, ne trouvant rien, il murmure avec un sourire ineffable : « Ils sont cha...armants. »

A présent, l'inspection finie, les voici tous

installés dans le rez-de-chaussée, où madame Polge a fait préparer une petite collation. La cave de Bethléem est bien garnie. L'air vif du plateau, ces montées, ces descentes ont donné au vieux monsieur des Tuileries un appétit qu'il ne se connaît plus depuis longtemps, si bien qu'il cause et rit avec une familiarité toute campagnarde, et qu'au moment du départ, tous debout, il lève son verre en remuant la tête pour boire : « A Bé... Bé... Béthléem ! » On s'émeut, les verres se choquent, puis, au grand trot, le carrosse emporte la compagnie par la longue avenue de tilleuls, où se couche un soleil rouge et froid, sans rayons. Derrière eux, le parc reprend son silence morne. De grandes masses sombres s'accumulent au fond des taillis, envahissent la maison, gagnent peu à peu les allées et les ronds-points. Bientôt, il ne reste plus d'éclairées que les lettres ironiques qui s'incrustent sur la grille d'entrée et, là-bas, à une fenêtre du premier étage, une tache rouge et tremblottante, la lueur d'un cierge allumé au chevet du petit mort.

« *Par décret du 12 mars 1866, rendu sur la proposition du ministre de l'Intérieur, M. le docteur Jenkins, président-fondateur de Bethléem, est nommé chevalier de l'ordre impérial de la Légion d'honneur. Grand devouement à la cause de l'humanité.* »

En lisant ces lignes à la première page du

Moniteur, le matin du 16, le pauvre Nabab eut un éblouissement.

Était-ce possible?

Jenkins décoré, et pas lui.

Il relut la note deux fois, croyant à une erreur de sa vision. Ses oreilles bourdonnaient. Les lettres dansaient, doubles, devant ses yeux avec ces cercles rouges qu'elles prennent au grand soleil. Il s'attendait si bien à voir son nom à cette place; Jenkins — la veille encore — lui avait dit avec tant d'assurance : « C'est fait ! qu'il lui semblait toujours s'être trompé. Mais non, c'était bien Jenkins... Le coup fut profond, intime, prophétique, comme un premier avertissement du destin, et ressenti d'autant plus vivement que, depuis des années, cet homme n'était plus habitué aux déconvenues, vivait au-dessus de l'humanité. Tout ce qu'il y avait de bon en lui apprit en même temps la méfiance.

« Eh bien, dit-il à Géry entrant comme chaque matin dans sa chambre et qui le surprit tout ému le journal à la main, vous avez vu?... je ne suis pas au *Moniteur*. »

Il essayait de sourire, les traits gonflés comme un enfant qui retient des larmes. Puis, tout à coup, avec cette franchise qui plaisait tant chez lui : « Cela me fait beaucoup de peine... je m'y attendais trop. »

La porte s'ouvrit sur ces mots, et Jenkins se

précipita, essoufflé, balbutiant, extraordinairement agité :

« C'est une infamie... Une infamie épouvantable... Cela ne peut pas être, cela ne sera pas. »

Les paroles se pressaient en tumulte sur ses lèvres, voulant toutes sortir à la fois; puis il parut renoncer à exprimer sa pensée, et jeta sur la table une petite boîte en chagrin, et une grande enveloppe, toutes deux au timbre de la chancellerie.

« Voilà ma croix et mon brevet... Ils sont à vous, ami... Je ne saurais les conserver. »

Au fond, cela ne signifiait pas grand'chose, Jansoulet se parant du ruban de Jenkins se serait fait très bien condamner pour port illégal de décoration. Mais un coup de théâtre n'est pas forcé d'être logique; celui-ci amena entre les deux hommes une effusion, des étreintes, un combat généreux, à la suite duquel Jenkins remit les objets dans sa poche, en parlant de réclamations, de lettres aux journaux... Le Nabab fut encore obligé de l'arrêter :

« Gardez-vous en bien, malheureux... D'abord, ce serait me nuire pour une autre fois... Qui sait? peut-être qu'au 15 août prochain...

— Oh! ça, par exemple... » dit Jenkins sautant sur cette idée; et le bras tendu, comme dans le *Serment* de David : « J'en prends l'engagement sacré. »

L'affaire en resta là. Au déjeuner, le Nabab

ne parla de rien, fut aussi gai que de coutume.
Cette bonne humeur ne se démentit pas de la
journée; et de Géry pour qui cette scène avait
été une révélation sur le vrai Jenkins, l'explication des ironies, des colères contenues de
Félicia de Ruys en parlant du docteur, se demandait en vain comment il pourrait éclairer son
cher patron sur tant d'hypocrisie. Il aurait dû
savoir pourtant que chez les Méridionaux, en
dehors, et tout effusion, il n'y a jamais d'aveuglement complet, « d'emballement » qui résiste
aux sagesses de la réflexion. Dans la soirée, le
Nabab avait ouvert un petit portefeuille misérable, écorné aux angles, où depuis dix ans il faisait battre des millions, écrivant dessus en hiéro-
glyphes connus de lui seul, ses bénéfices et ses
dépenses. Il s'absorbait dans ses comptes depuis
un moment, quand se tournant vers de Géry :

« Savez-vous ce que je fais, mon cher Paul?
demanda-t-il.

— Non, Monsieur.

— Je suis en train — et son regard farceur,
bien de son pays, raillait la bonhomie de son
sourire — je suis en train de calculer que j'ai
déboursé quatre cent trente mille francs pour
faire décorer Jenkins. »

Quatre cent trente mille francs ! Et ce n'était
pas fini...

IX

BONNE MAMAN

Trois fois par semaine, Paul de Géry, le soir venu, allait prendre sa leçon de comptabilité dans la salle à manger des Joyeuse, non loin de ce petit salon où la famille lui était apparue le premier jour ; aussi, pendant que, les yeux fixés sur son professeur en cravate blanche, il s'initiait à tous les mystères du « doit et avoir, » il écoutait malgré lui derrière la porte le bruit léger de la veillée laborieuse, en regrettant la vision de tous ces jolis fronts abaissés sous la lampe. M. Joyeuse ne disait jamais un mot de ses filles. Jaloux de leurs grâces comme un dragon gardant de belles princesses dans une tour, excité par les imaginations fantastiques de sa tendresse excessive, il répondait assez sèchement aux questions de son élève s'informant de « ces demoiselles, » si bien que le jeune homme ne lui en parla plus. Il s'étonnait seulement de ne pas voir une fois cette Bonne Maman dont le nom revenait à propos de tout dans les discours de M. Joyeuse, les moindres détails de son existence, planant sur la maison comme l'emblème de sa parfaite ordonnance et de son calme.

Tant de réserve, de la part d'une vénérable dame qui devait pourtant avoir passé l'âge où les entreprises des jeunes gens sont à craindre, lui semblait exagérée. Mais, en somme les leçons étaient bonnes, données d'une façon très claire, le professeur avait une méthode excellente de démonstration, un seul défaut, celui de s'absorber dans des silences coupés de soubresauts, d'interjections qui partaient comme des fusées. En dehors de cela, le meilleur des maîtres, intelligent, patient et droit. Paul apprenait à se retrouver dans le labyrinthe compliqué des livres de commerce et se résignait à n'en pas demander davantage.

Un soir, vers neuf heures, au moment où le jeune homme se levait pour partir, M. Joyeuse lui demanda s'il voulait bien lui faire l'honneur de prendre une tasse de thé en famille, une habitude du temps de la pauvre madame Joyeuse, née de Saint-Amand, qui recevait autrefois ses amis le jeudi. Depuis qu'elle était morte et que leur position de fortune avait changé, les amis s'étaient dispersés; mais on avait maintenu ce petit « extra hebdomadaire. » Paul ayant accepté, le bonhomme entr'ouvrit la porte et appela :

« Bonne Maman... »

Un pas alerte dans le couloir, et, tout de suite, un visage de vingt ans, nimbé de cheveux bruns, abondants et légers, fit son apparition. De Géry, stupéfait, regarda M. Joyeuse :

« Bonne Maman ?

— Oui, c'est un nom que nous lui avons donné quand elle était petite fille. Avec son bonnet à ruches, son autorité d'aînée, elle avait une drôle de petite figure, si raisonnable... Nous trouvions qu'elle ressemblait à sa grand'mère. Le nom lui en est resté. »

Au ton du brave homme en parlant ainsi, on sentait que pour lui c'était la chose la plus naturelle que cette appellation de grand parent décernée à tant de jeunesse attrayante. Chacun pensait comme lui dans l'entourage; et les autres demoiselles Joyeuse accourues auprès de leur père, groupées un peu comme à la vitrine du rez-de-chaussée, et la vieille servante apportant sur la table du salon, où l'on venait de passer, un magnifique service à thé, débris des anciennes splendeurs du ménage, tout le monde appelait la jeune fille « Bonne

Maman... » sans qu'elle s'en fatiguât une seule fois, l'influence de ce nom béni mettant dans leur tendresse à tous une déférence qui la flattait et donnait à son autorité idéale une singulière douceur de protection.

Est-ce à cause de ce titre d'aïeule que tout enfant il avait appris à chérir, mais de Géry trouva à cette jeune fille une séduction inexprimable. Cela ne ressemblait pas au coup subit qu'il avait reçu d'une autre en plein cœur, à ce trouble où se mêlaient l'envie de fuir, d'échapper à une possession, et la mélancolie persistante que laisse un lendemain de fête, lustres éteints, refrains perdus, parfums envolés dans la nuit. Non, devant cette jeune fille debout, surveillant la table de famille, regardant si rien ne manquait, abaissant sur ses enfants, ses petits enfants, la tendresse active de ses yeux, il lui venait la tentation de la connaître, d'être de ses amis depuis longtemps, de lui confier des choses qu'il ne s'avouait qu'à lui-même, et quand elle lui offrit sa tasse sans mièvrerie mondaine ni gentillesse de salon, il aurait voulu dire comme les autres un « merci, Bonne Maman » où il aurait mis tout son cœur.

Soudain, un coup joyeux, vigoureusement frappé, fit tressauter tout le monde.

« Ah! voilà M. André... Élise, vite une tasse... Yaïa, les petits gâteaux... » Pendant ce temps mademoiselle Henriette, la troisième des demoiselles Joyeuse, qui avait hérité de sa mère, née de Saint-Amand, un certain côté mondain, voyant cette affluence, ce soir-là, dans les salons, se précipitait pour allumer les deux bougies du piano.

« Mon cinquième acte est fini... » s'écria le nouveau venu dès en entrant, puis il s'arrêta net. « Ah! pardon. » et sa figure prit une expression un peu déconfite en face de l'étranger. M. Joyeuse les présenta l'un à l'autre : M. Paul de Géry — M. André Maranne, non sans une certaine solennité. Il se rappelait les anciennes réceptions de sa femme; et les vases de la cheminée, les deux grosses lampes, le bonheur-du-jour, les fauteuils groupés en rond avaient l'air de partager cette illusion, plus brillants et rajeunis par cette presse inaccoutumée.

« Alors, votre pièce est finie?
— Finie, M. Joyeuse, et je compte bien vous la lire un de ces soirs.
— Oh! oui, M. André... Oh! oui... dirent en chœur toutes les jeunes filles. »

Le voisin travaillait pour le théâtre et personne ici ne doutait de son succès. Par exemple, la photographie promettait moins de bénéfices. Les clients étaient très rares, les passants mal disposés. Pour s'entretenir la main et dérouiller son appareil neuf, M. André recommençait tous les dimanches la famille de ses amis, qui se prêtait aux expériences avec une longanimité sans égale, la prospérité de cette photographie suburbaine et commençante étant pour tous une affaire d'amour-propre, éveillant, même chez les jeunes filles, cette confraternité touchante qui serre l'une contre l'autre les destinées infimes comme des passereaux au bord d'un toit. Du reste, André Maranne, avec les ressources inépuisables de son grand front plein d'illusion, expliquait sans amertume l'indifférence du public. Tantôt la saison était défavorable ou bien l'on se plaignait du mauvais état des affaires, et il finissait par un même refrain consolant : « Quand j'aurai fait jouer *Révolte!* » C'était le titre de sa pièce.

« C'est étonnant tout de même, dit la quatrième demoiselle Joyeuse, douze ans, les cheveux à la chinoise, c'est étonnant qu'on fasse si peu d'affaires avec un si beau balcon !...

— Et puis le quartier est très passant, ajoute Élise avec assurance. » Bonne Maman lui fait remarquer en souriant que le boulevard des Italiens l'est encore davantage.

« Ah ! s'il était boulevard des Italiens... » fait M. Joyeuse tout songeur, et le voilà parti sur sa chimère arrêtée tout à coup par un geste et ces mots qu'il prononce d'une manière lamentable « fermé pour cause de faillite. » En une minute, le terrible imaginaire vient d'installer son ami dans un splendide appartement du boulevard où il gagne un argent énorme, tout en augmentant ses dépenses d'une façon si disproportionnée qu'un « pouf » formidable engloutit en peu de mois photographe et photographie. On rit beaucoup quand il donne cette explication; mais en somme chacun est d'accord que la rue Saint-Ferdinand, quoique moins brillante, est bien plus sûre que le boulevard des Italiens. En outre, elle se trouve tout près du bois de Boulogne, et si une fois le grand monde se mettait à passer par ici... Cette belle société que sa mère recherchait tant est l'idée fixe de mademoiselle Henriette; et elle s'étonne que la pensée de recevoir le high-life à son petit cinquième, étroit comme une cloche à melon, fasse rire leur voisin. L'autre semaine pourtant, il lui est venu une voiture avec livrée. Tantôt il a eu aussi une visite « très-cossue. »

« Oh! tout à fait une grande dame, interrompt Bonne Maman... Nous étions à la fenêtre à attendre le père... Nous l'avons vue descendre de voiture et regarder le cadre; nous pensions bien que c'était pour vous.

— C'était pour moi, dit André, un peu gêné.

— Un moment, nous avons eu peur qu'elle passe comme tant d'autres, à cause de vos cinq étages. Alors nous étions là toutes les quatre à la fixer, à l'aimanter sans qu'elle s'en doute avec nos quatre paires d'yeux ouverts. Nous la tirions tout doucement par les plumes de son chapeau et les dentelles de sa pelisse. « Mais montez donc, Madame, montez donc! » A la fin, elle est entrée... Il y a tant d'aimant dans les yeux qui veulent bien! »

De l'aimant, certes, elle en avait la chère créature, non seulement dans ses regards de couleur indécise, voilés ou riants comme le ciel de son Paris, mais dans sa voix, dans les draperies de sa robe. Jusqu'à la longue boucle, ombrageant son cou de statuette droit et fin, qui vous attirait par sa pointe un peu blondie, joliment tournée sur un doigt souple.

Le thé servi, pendant que ces messieurs finissaient de causer et de boire — le père Joyeuse était toujours très long à tout ce qu'il faisait, à cause de ses subites échappées dans la lune, — les jeunes filles rapprochèrent leur ouvrage, la table se couvrit de corbeilles d'osier, de broderies, de jolies laines rajeunissant de leurs tons éclatants les fleurs passées du vieux tapis, et le groupe de l'autre soir se reforma dans le cercle lumineux de l'abat-jour, au grand contentement de Paul de Géry. C'était la première soirée de ce genre qu'il passait dans Paris; elle lui en rappelait d'autres bien lointaines, bercées par les mêmes rires innocents, le bruit doux des ciseaux reposés sur la table, de l'ai-

guille piquant du linge, ou ce froissement du
feuillet qu'on tourne, et de chers visages, à jamais
disparus, serrés eux aussi autour de la lampe
de famille, hélas! si brusquement éteinte...

Entré dans cette intimité charmante, désormais il n'en sortit plus, prit ses leçons parmi
les jeunes filles, et s'enhardit à causer avec
elles, quand le bonhomme refermait son grand
livre. Ici tout le reposait de cette vie tourbillonnante où le jetait la luxueuse mondanité du
Nabab; il se retrempait à cette atmosphère
d'honnêteté, de simplicité, essayait aussi d'y
guérir les blessures dont une main plus indifférente que cruelle lui criblait le cœur sans
merci.

« Des femmes m'ont haï, d'autres femmes
m'ont aimé. Celle qui m'a fait le plus de mal
n'a jamais eu pour moi ni amour ni haine. »
C'est cette femme dont parle Henri Heine,
que Paul avait rencontrée. Félicia était pleine
d'accueil et de cordialité pour lui. Il n'y avait
personne à qui elle fît meilleur visage. Elle lui
réservait un sourire particulier où l'on sentait
la bienveillance d'un œil d'artiste s'arrêtant
sur un type qui lui plaît, et la satisfaction d'un
esprit blasé que le nouveau amuse, si simple
qu'il paraisse. Elle aimait cette réserve, piquante
chez un méridional, la droiture de ce jugement
dépourvu de toute formule artistique ou mon-

daine et ragaillardi d'une pointe d'accent local. Cela la changeait du coup de pouce en zigzag dessinant l'éloge par un geste de rapin, des compliments de camarades sur la manière dont elle campait un bonhomme, ou bien de ces admirations poupines, des « chaamant... très gentil » dont la gratifiaient les jeunes gandins mâchonnant le bout de leur canne. Celui-là au moins ne lui disait rien de semblable. Elle l'avait surnommé Minerve, à cause de sa tranquillité apparente, de la régularité de son profil ; et de plus loin qu'elle le voyait :

« Ah ! voilà Minerve... Salut, belle Minerve. Posez votre casque et causons. »

Mais ce ton familier, presque fraternel, convainquait le jeune homme de l'inutilité de son amour. Il sentait bien qu'il n'entrerait pas plus avant dans cette camaraderie féminine où manquait la tendresse, et qu'il perdait chaque jour son charme d'imprévu aux yeux de cette ennuyée de naissance qui semblait avoir déjà vécu sa vie et trouvait à tout ce qu'elle entendait ou voyait la fadeur d'un recommencement. Félicia s'ennuyait. Son art seul pouvait la distraire, l'enlever, la transporter dans une féerie éblouissante, d'où elle retombait toute meurtrie, étonnée chaque fois de ce réveil qui ressemblait à une chute. Elle se comparait elle-même à ces méduses dont l'éclat transparent, si vif dans la fraîcheur et le mouvement des vagues, s'en vient mourir sur le rivage en petites flaques gélatineuses. Pendant ces chômages artistiques où la pensée absente laisse la main lourde sur l'outil, Félicia, privée du seul nerf moral de son esprit, devenait farouche, inabordable, d'une taquinerie harcelante, revanche des mesquineries humaines contre les grands cerveaux lassés. Après qu'elle avait mis des larmes dans les yeux de tout ce qui l'aimait, cherché les souvenirs pénibles ou les inquiétudes énervantes, touché le fond brutal et meurtrissant de sa fatigue, comme il fallait toujours que quelque drôlerie se mêlât en elle aux choses les plus tristes, elle évaporait ce qui lui restait d'ennui dans une espèce de cri de fauve embêté, un bâillement rugi qu'elle appelait « le cri du chacal au désert » et qui faisait pâlir la bonne Crenmitz surprise dans l'inertie de sa quiétude.

Pauvre Félicia! C'était bien un affreux désert que sa vie quand l'art ne l'égayait pas de ses mirages, un désert morne et plat où tout se perdait, se nivelait sous la même intensité monotone, amour naïf d'un enfant de vingt ans, caprice d'un duc passionné, où tout se recouvrait d'un sable aride soufflé par les destins brûlants. Paul sentait ce néant, voulait s'y soustraire; mais quelque chose le retenait, comme un poids qui déroule une chaîne, et, malgré les calomnies entendues, les bizarreries de l'étrange créature, il s'attardait délicieusement auprès d'elle, quitte à n'emporter de cette longue contemplation amoureuse que le désespoir d'un croyant réduit à n'adorer que des images.

L'asile, c'était là-bas, dans ce quartier perdu où le vent soufflait si fort sans empêcher la flamme de monter blanche et droite, c'était le cercle de famille présidé par Bonne Maman. Oh! celle-là ne s'ennuyait pas, elle ne poussait jamais le cri du « chacal au désert. » Sa vie était trop bien remplie : le père à encourager, à soutenir, les enfants à instruire, tous les soins matériels du logis auquel la mère manque, ces préoccupations éveillées avec l'aube et que le soir endort, à moins qu'il les ramène en rêve, un de ces dévouements infatigables, mais sans effort apparent, très commodes pour le pauvre égoïsme humain, parce qu'ils dispensent de toute reconnaissance et se font à peine sentir tellement ils ont la main légère. Ce n'était pas la fille courageuse, qui travaille pour nourrir ses parents, court le cachet du matin au soir, oublie dans l'agitation d'un métier tous les embarras de la maison. Non, elle avait compris la tâche autrement, abeille sédentaire restreignant ses soins au rucher, sans un bourdonnement au dehors parmi le grand air et les fleurs. Mille fonctions : tailleuse, modiste, raccommodeuse, comptable aussi, car M. Joyeuse, incapable de toute responsabilité, lui laissait la libre disposition des ressources, maîtresse de piano, institutrice.

Comme il arrive dans les familles qui ont commencé par l'aisance, Aline, en sa qualité d'aînée, avait été élevée dans un des meilleurs pensionnats de Paris. Élise y était restée deux ans avec elle; mais les deux dernières, venues trop tard, envoyées dans de petits externats de quartier, avaient toutes leurs études à compléter, et ce n'était pas chose commode, la plus jeune riant à tout propos d'un rire de santé, d'épanouissement, de jeunesse, gazouillis d'alouette ivre de blé vert et s'envolant à perte de vue loin du pupitre et des méthodes, tandis que mademoiselle Henriette, toujours hantée par ses idées de grandeur, son amour du « cossu, » ne mordait pas non plus très volontiers au travail. Cette jeune personne de quinze ans à qui son père avait légué un peu de ses facultés imaginatives, arrangeait déjà sa vie d'avance et déclarait formellement qu'elle épouserait quelqu'un de la noblesse et n'aurait jamais plus de trois enfants : « Un garçon pour le nom, et deux petites filles... pour les habiller pareil...

— Oui, c'est cela, disait Bonne Maman, tu les habilleras pareil. En attendant, voyons un peu nos participes. »

Mais la plus occupante était Élise avec son

examen subi trois fois sans succès, toujours refusée à l'histoire et se préparant à nouveau, prise d'un grand effroi et d'une méfiance d'elle-même qui lui faisaient promener partout, ouvrir à chaque instant ce malheureux traité d'histoire de France, en omnibus, dans la rue, jusque sur la table du déjeuner; mais, jeune fille déjà et fort jolie, elle n'avait plus cette petite mémoire mécanique de l'enfance où dates et événements s'incrustent pour toute la vie. Parmi d'autres préoccupations, la leçon s'envolait en une minute malgré l'apparente application de l'écolière, ses longs cils en fermant ses yeux, ses boucles balayant les pages, et sa bouche rose animée d'un petit tremblement attentif répétant dix fois à la file : « Louis dit le Hutin 1314-1316. — Philippe V dit le Long 1316-1322... 1322... Ah! Bonne Maman, je suis perdue... Jamais je ne saurai...» Alors Bonne Maman s'en mêlait, l'aidait à fixer son esprit, à emmagasiner quelques-unes de ces dates du moyen âge barbares et pointues comme les casques des guerriers du temps. Et dans les intervalles de ces travaux multiples, de cette surveillance générale et constante, elle trouvait encore moyen de chiffonner de jolies choses, de tirer de sa corbeille à ouvrage quelque menue dentelle au crochet ou la tapisserie en train qui ne la quittait pas plus que la jeune Élise son histoire de France. Même en causant, ses doigts ne restaient pas inoccupés une minute.

— Vous ne vous reposez donc jamais? lui disait de Géry, pendant qu'elle comptait à demi-voix les points de sa tapisserie, « trois, quatre, cinq, » pour en varier les nuances.

« Mais c'est du repos ce travail-là, répondait-elle... Vous ne pouvez, vous autres hommes, savoir combien un travail à l'aiguille est utile à l'esprit des femmes. Il régularise la pensée, fixe sur un point la minute qui passe et ce qu'elle emporterait avec elle... Et que de chagrins calmés, d'inquiétudes oubliées grâce à cette attention toute physique, à cette répétition d'un mouvement égal, où l'on retrouve — de force et bien vite — l'équilibre de tout son être... Cela ne m'empêche pas d'être à ce qu'on dit autour de moi, de vous écouter encore mieux que je ne le ferais dans l'inaction... trois, quatre, cinq... »

Oh! oui, elle écoutait. C'était visible à l'animation de son visage, à la façon dont elle se redressait tout à coup, l'aiguille en l'air, le fil tendu sur son petit doigt relevé. Puis elle repartait bien vite à l'ouvrage, quelquefois en jetant un mot juste et profond, qui s'accordait en général avec ce que pensait l'ami Paul. Une similitude de natures, des responsabilités et des devoirs pareils rapprochaient ces deux jeunes gens, les faisaient s'intéresser à leurs préoccupations réciproques. Elle savait le nom de ses deux frères, Pierre et Louis, ses projets pour leur avenir quand ils sortiraient du collège... Pierre voulait être marin... « Oh! non, pas marin, disait Bonne Maman, il vaut bien mieux qu'il vienne à Paris avec vous. » Et comme il avouait que Paris l'effrayait pour eux, elle se moquait de ses terreurs, l'appelait provincial, remplie d'affection pour la ville où elle était née, où elle avait grandi chastement, et qui lui donnait en retour ces vivacités, ces raffinements de nature, cette bonne humeur railleuse qui feraient penser que Paris avec ses pluies, ses brouillards, son ciel qui n'en est pas un, est la véritable patrie des femmes, dont il ménage les nerfs et développe les qualités intelligentes et patientes.

Chaque jour Paul de Géry appréciait mieux mademoiselle Aline, — il était seul à la nommer ainsi dans la maison, — et, chose étrange! ce fut Félicia qui acheva de resserrer leur intimité. Quels rapports pouvaient-ils y avoir entre cette fille d'artiste, lancée dans les sphères les plus hautes, et cette petite bourgeoise perdue au fond d'un bourg? Des rapports d'enfance et d'amitié, des souvenirs communs, la grande cour de l'institution Belin, où elles avaient joué trois ans ensemble. Paris est plein de ces rencontres. Un nom prononcé au hasard de la conversation éveille tout à coup cette question stupéfaite :

« Vous la connaissez donc?

— Si je connais Félicia... Mais nous étions voisines de pupitre en première classe. Nous avions le même jardin. Quelle bonne fille, belle, intelligente... »

Et, voyant le plaisir qu'on prenait à l'écouter, Aline rappelait les temps si proches qui déjà lui faisaient un passé, charmeur et mélancolique comme tous les passés. Elle était bien seule dans la vie, la petite Félicia. Le jeudi, quand on criait les noms au parloir, personne pour elle; excepté de temps en temps une bonne dame un peu ridicule, une ancienne danseuse, disait-on, que Félicia appelait la Fée. Elle avait ainsi des surnoms pour tous ceux qu'elle affectionnait et qu'elle transformait dans son imagination. Pendant les vacances on se voyait. Madame Joyeuse, tout en refusant d'envoyer Aline dans l'atelier de M. Ruys, invitait Félicia pour des journées entières, journées bien courtes, entremêlées de travail, de musique, de rêves à deux, de jeunes causeries en liberté. « Oh! quand elle me parlait de son art, avec cette ardeur qu'elle mettait à tout, comme j'étais heureuse de l'entendre... Que de choses j'ai comprises par elle, dont je n'aurais jamais eu aucune idée! Encore maintenant, quand nous allons au Louvre avec papa, ou à l'exposition du 1er mai, cette émotion particulière que vous cause une belle sculpture, un beau tableau, me reporte tout de suite à Félicia. Dans ma jeunesse elle a représenté l'art, et cela allait bien à sa beauté, à sa nature un peu décousue mais si bonne, où je sentais quelque chose de supérieur à moi, qui m'enlevait très haut sans m'intimider... Elle a cessé de me voir tout à coup... Je lui ai écrit, pas de réponse... Ensuite la gloire est venue pour elle, pour moi les grands chagrins, les devoirs absorbants... Et de toute cette amitié, bien profonde pourtant, puisque je n'en puis parler sans... « trois, quatre, cinq... » il ne reste plus rien que de vieux souvenirs à remuer comme une cendre éteinte... »

Penchée sur son travail, la vaillante fille se dépêchait de compter ses points, d'enfermer son chagrin dans les dessins capricieux de sa tapisserie, pendant que de Géry, ému d'entendre le témoignage de cette bouche pure en face des calomnies de quelques gandins évincés ou de camarades jaloux, se sentait relevé, rendu à la fierté de son amour. Cette sensation lui parut si douce qu'il revint la chercher très souvent, non seulement les soirs de leçon, mais d'autres soirs encore, et qu'il oubliait presque d'aller voir Félicia, pour le plaisir d'entendre Aline parler d'elle.

Un soir, comme il sortait de chez les Joyeuse, Paul trouva sur le palier le voisin, M. André, qui l'attendait et prit son bras fébrilement :

« M. de Géry, lui dit-il d'une voix tremblante, avec des yeux flamboyants derrière leurs lunettes, la seule chose qu'on pût voir de son visage dans la nuit, j'ai une explication à vous demander. Voulez-vous monter chez moi un instant?... »

Il n'y avait entre ce jeune homme et lui que des relations banales de deux habitués de la même maison, qu'aucun autre lien ne rattache, qui semblent même séparés par une certaine antipathie de nature, de manière d'être. Quelle explication pouvaient-ils donc avoir ensemble? Il le suivit fort intrigué.

L'aspect du petit atelier transi sous son vitrage, la cheminée vide, le vent soufflant comme au dehors et faisant vaciller la bougie, seule flamme de cette veillée de pauvre et de solitaire reflétée sur des feuillets épars tout griffonnés, enfin cette atmosphère des endroits habités où l'âme des habitants se respire, fit comprendre à de Géry l'abord exalté d'André Maranne, ses longs cheveux rejetés et flottants, cette apparence un peu excentrique, bien excusable quand on la paye d'une vie de souffrances et de privations, et sa sympathie alla tout de suite vers ce courageux garçon dont il devinait d'un coup d'œil toutes les fiertés énergiques. Mais l'autre était bien trop ému pour s'apercevoir de cette évolution. Sitôt la porte refermée, avec l'accent d'un héros de théâtre s'adressant au traître séducteur :

« Monsieur de Géry, lui dit-il, je ne suis pas encore un Cassandre... »

Et devant la stupéfaction de son interlocuteur :

« Oui, oui, nous nous entendons... J'ai très bien compris ce qui vous attire chez M. Joyeuse, et l'accueil empressé qu'on vous y fait ne m'a pas échappé non plus... Vous êtes riche, vous êtes noble, on ne peut hésiter entre vous et le pauvre poète qui fait un métier ridicule pour laisser tout le temps d'arriver au succès, lequel ne viendra peut-être jamais... Mais je ne me laisserai pas voler mon bonheur... Nous nous battrons, Monsieur, nous nous battrons, répétait-il excité par le calme pacifique de son rival... J'aime depuis longtemps mademoiselle Joyeuse... Cet amour est le but, la gaîté et la force d'une existence très dure, douloureuse par bien des côtés. Je n'ai que cela au monde, et je préférerais mourir que d'y renoncer. »

Bizarrerie de l'âme humaine ! Paul n'aimait pas cette charmante Aline. Tout son cœur était à une autre. Il y pensait seulement comme à une amie, la plus adorable des amies. Eh bien ! l'idée que Maranne s'en occupait, qu'elle répondait sans doute à cette attention amoureuse, lui procura le frisson jaloux d'un dépit, et ce fut assez vivement qu'il demanda si mademoiselle Joyeuse connaissait ce sentiment d'André et l'avait autorisé de quelque façon à proclamer ainsi ses droits.

« Oui, Monsieur, mademoiselle Élise sait que je l'aime, et avant vos fréquentes visites...

— Élise... c'est d'Élise que vous parlez?

— Et de qui voulez-vous donc que ce soit?... Les deux autres sont trop jeunes... »

Il entrait bien dans les traditions de la famille, celui-là. Pour lui, les vingt ans de Bonne Maman, sa grâce triomphante étaient dissimulés par un surnom plein de respect et ses attributions providentielles.

Une très courte explication ayant calmé l'esprit d'André Maranne, il présenta ses excuses à de Géry, le fit asseoir sur le fauteuil en bois sculpté qui servait à la pose, et leur causerie prit vite un caractère intime et sympathique, amené par l'aveu si vif du début. Paul confessa qu'il était amoureux, lui aussi, et qu'il ne venait si souvent chez M. Joyeuse que pour parler de celle qu'il aimait avec Bonne Maman qui l'avait connue autrefois.

« C'est comme moi, dit André. Bonne Maman a toutes mes confidences; mais nous n'avons encore rien osé dire au père. Ma situation est trop médiocre... Ah! quand j'aurai fait jouer *Révolte!* »

Alors ils parlèrent de ce fameux drame *Ré-*

volte! auquel il travaillait depuis six mois, le jour, la nuit, qui lui avait tenu chaud pendant tout l'hiver, un hiver bien rude, mais dont la magie de la composition corrigeait les rigueurs dans le petit atelier qu'elle transformait. C'est là, dans cet étroit espace, que tous les héros de sa pièce étaient apparus au poète comme des kobolds familiers tombés du toit ou chevauchant des rayons de lune, et avec eux les tapisseries de haute lisse, les lustres étincelants, les fonds de parc aux perrons lumineux, tout le luxe attendu des décors, ainsi que le tumulte glorieux de sa première représentation dont la pluie criblant le vitrage, les écriteaux qui claquaient sur la porte figuraient pour lui les applaudissements, tandis que le vent, passant en bas dans le triste chantier de démolitions avec un bruit de voix flottantes apportées de loin et loin remportées, ressemblait à la rumeur des loges ouvertes sur le couloir et laissant circuler le succès parmi les caquetages et l'étourdissement de la foule. Ce n'était pas seulement la gloire et l'argent qu'elle devait lui procurer, cette bienheureuse pièce, mais quelque chose de plus précieux encore. Aussi avec quel soin il feuilletait le manuscrit en cinq gros cahiers tout de bleu recouverts, de ces cahiers comme la Levantine en étalait sur le divan de ses siestes et qu'elle marquait de son crayon directorial.

Paul s'étant, à son tour, rapproché de la table, afin d'examiner le chef-d'œuvre, son regard fut attiré par un portrait de femme richement encadré, et qui, si près du travail de l'artiste, semblait être là pour y présider... Élise, sans doute?... Oh! non, André n'avait pas encore le droit de sortir de son entourage protecteur le portrait de sa petite amie... C'était une femme d'une quarantaine d'années, l'air doux, blonde, et d'une grande élégance. En la voyant, de Géry ne put retenir une exclamation.

« Vous la connaissez? fit André Maranne.

— Mais oui... madame Jenkins, la femme du docteur Irlandais. J'ai soupé chez eux cet hiver.

— C'est ma mère... » Et le jeune homme ajouta sur un ton plus bas :

« Madame Maranne a épousé en secondes noces le docteur Jenkins... Vous êtes surpris, n'est-ce pas, de me voir dans cette détresse quand mes parents vivent au milieu du luxe?... Mais, vous savez, les hasards de la famille groupent parfois ensemble des natures si différentes... Mon beau-père et moi nous n'avons pu nous entendre... Il voulait faire de moi un médecin, tandis que je n'avais de goût que pour écrire. Alors, afin d'éviter des débats continuels dont ma mère souffrait, j'ai préféré quitter la maison et tracer mon sillon tout seul, sans le secours de personne... Rude affaire! les fonds manquaient... Toute la fortune est à ce...

à M. Jenkins... Il s'agissait de gagner sa vie, et vous n'ignorez pas comme c'est une chose difficile pour des gens tels que nous, soi-disant bien élevés... Dire que, dans tout l'acquis de ce qu'on est convenu d'appeler une éducation complète, je n'ai trouvé que ce jeu d'enfant à l'aide duquel je pouvais espérer gagner mon pain. Quelques économies, ma bourse de jeune homme, m'ont servi à acheter mes premiers outils, et je me suis installé bien loin, tout au bout de Paris, pour ne pas gêner mes parents. Entre nous, je crois que je ne ferai jamais fortune dans la photographie. Les premiers temps surtout ont été d'un dur... Il ne venait personne, ou, si par hasard quelque malheureux montait, je le manquais, je le répandais sur ma plaque en un mélange blafard et vague comme une apparition. Un jour, dans tout le commencement, il m'est arrivé une noce, la mariée tout en blanc, le marié avec un gilet... comme ça !... Et tous les invités dans des gants blancs qu'ils tenaient à conserver sur leur portrait pour la rareté du fait... Non, j'ai cru que je deviendrais fou... Ces figures noires, les grandes taches blanches de la robe, des gants, des fleurs d'oranger, la malheureuse mariée en reine des Niams-Niams sous sa couronne qui fondait dans ses cheveux... Et tous si pleins de bonne volonté, d'encouragements pour l'artiste... Je les ai recommencés au moins vingt fois, tenus jusqu'à cinq heures du soir. Ils ne m'ont quitté qu'à la nuit pour aller dîner. Voyez-vous cette journée de noces passée dans une photographie... »

Pendant qu'André lui racontait avec cette bonne humeur les tristesses de sa vie, Paul se rappelait la sortie de Félicia à propos des bohèmes et tout ce qu'elle disait à Jenkins sur ces courages exaltés, avides de privations et d'épreuves. Il songeait aussi à la passion d'Aline pour son cher Paris dont il ne connaissait, lui, que les excentricités malsaines, tandis que la grande ville cachait dans ses replis tant d'héroïsmes inconnus et de nobles illusions. Cette impression déjà ressentie à l'abri de la grosse lampe des Joyeuse, il l'avait peut-être plus vive dans ce milieu moins tiède, moins tranquille, où l'art mettait en plus son incertitude désespérée ou glorieuse ; et c'est le cœur touché qu'il écoutait André Maranne lui parler d'Élise, de l'examen si long à passer, de la photographie difficile, de tout cet imprévu de sa vie, qui cesserait certainement « quand il aurait fait jouer *Revolte*, » un adorable sourire accompagnant sur les lèvres du poète cet espoir si souvent formulé et qu'il se dépêchait de railler lui-même comme pour ôter aux autres le droit de le faire.

X

MÉMOIRES D'UN GARÇON DE BUREAU. —
LES DOMESTIQUES

Vraiment la fortune à Paris a des tours de roue vertigineux!

Avoir vu la *Caisse territoriale* comme je l'ai vue, des pièces sans feu, jamais balayées, le désert avec sa poussière, haut de ça de protêts sur les bureaux, tous les huit jours une affiche de vente à la porte, mon fricot répandant là-dessus l'odeur d'une cuisine pauvre; puis assister maintenant à la reconstitution de notre Société dans ses salons meublés à neuf, où je suis chargé d'allumer des feux de ministère, au milieu d'une foule affairée, des coups de sifflet, des sonnettes électriques, des piles d'écus qui s'écroulent, cela tient du prodige. Il faut que je me regarde moi-même pour y croire, que j'aperçoive dans une glace mon habit gris de fer, rehaussé d'argent, ma cravate blanche, ma chaîne d'huissier comme j'en avais une à la Faculté les jours de séance... Et dire que pour opérer cette transformation, pour ramener sur nos fronts la gaieté mère de la concorde, rendre à notre papier sa valeur décuplée, à notre cher gouverneur l'estime et la confiance dont il était si injustement privé, il a suffi d'un homme, de ce richard surnaturel que les cent voix de la renommée désignent sous le nom de Nabab.

Oh ! la première fois qu'il est venu dans les bureaux, avec sa belle prestance, sa figure un peu chiffonnée peut-être, mais si distinguée, ses manières d'un habitué des cours, à tu et à toi avec tous les princes d'Orient, enfin ce je ne sais pas quoi d'assuré et de grand que donne l'immense fortune, j'ai senti mon cœur se fondre dans mon gilet à deux rangs de boutons. Ils auront beau dire avec leurs grands mots d'égalité, de fraternité, il y a des hommes qui sont tellement au-dessus des autres qu'on voudrait s'aplatir devant eux, trouver des formules d'adoration nouvelles pour les forcer à s'occuper de vous. Hâtons-nous d'ajouter que je n'ai eu besoin de rien de semblable pour attirer l'attention du Nabab. Comme je m'étais levé sur son passage, — ému, mais toujours digne, on peut se fier à Passajon. — il m'a regardé en souriant et il a dit à demi-voix au jeune homme qui l'accompagnait : « Quelle bonne tête de... » puis un mot après que je n'ai pas bien entendu, un mot en *art*, comme léopard. Pourtant non, ça ne doit pas être cela, je ne me sache pas une tête de léopard. Peut-être Jean Bart, quoique cependant je ne vois pas le rapport... Enfin, il a toujours dit : « Quelle bonne tête de... » et cette bienveillance m'a rendu fier. Du reste, tous ces messieurs sont avec moi d'une bonté, d'une politesse. Il paraît qu'il y a eu une discussion à mon sujet dans le conseil pour savoir si on me garderait ou si l'on me renverrait comme notre caissier, cette espèce de grincheux qui parlait toujours de « faire fiche » le monde aux galères et qu'on a prié d'aller fabriquer ailleurs ses devants de chemises économiques. Bien fait ! Ça lui apprendra à être grossier avec les gens.

Pour moi, M. le gouverneur a bien voulu oublier mes paroles un peu vives en souvenir de mes états de services à la *territoriale* et ailleurs ; et à la sortie du conseil, il m'a dit avec son accent musical : « Passajon, vous nous restez. » On se figure si j'ai été heureux, si je me suis confondu en marques de reconnaissance. Songez donc ! Je serais parti avec mes quatre sous sans espoir d'en gagner jamais d'autres,

obligé d'aller cultiver ma vigne dans ce petit
pays de Montbars, bien étroit pour un homme
qui a vécu au milieu de toute l'aristocratie
financière de Paris et des coups de banque qui
font les fortunes. Au lieu de cela, me voilà
établi à nouveau dans une place magnifique,
ma garde-robe renouvelée, et mes économies,
que j'ai palpées tout un jour, confiées aux bons
soins du gouverneur qui s'est chargé de les
faire fructifier. Je crois qu'il s'y entend à la
manœuvre celui-là. Et pas la moindre inquiétude à avoir. Toutes les craintes s'évanouissent
devant le mot à la mode en ce moment dans
tous les conseils d'administration, dans toutes
les réunions d'actionnaires, à la Bourse, sur les
boulevards, et partout : « le Nabab est dans
l'affaire... » C'est-à-dire l'or déborde, les pires
combinazione sont excellents.

Il est si riche cet homme-là!

Riche à un point qu'on ne peut pas croire.
Est-ce qu'il ne vient pas de prêter de la main
à la main quinze millions au bey de Tunis...
Je dis bien, quinze millions. Histoire de faire
une niche aux Hemerlingue, qui voulaient le
brouiller avec ce monarque et lui couper
l'herbe sous le pied dans ces beaux pays
d'Orient où elle pousse dorée, haute et drue...
C'est un vieux turc que je connais, le colonel
Brahim, un de nos conseils à la *Territoriale*, qui
a arrangé cette affaire. Naturellement, le bey

qui se trouvait, paraît-il, à court d'argent de poche, a été très touché de l'empressement du Nabab à l'obliger, et il vient de lui envoyer par Brahim une lettre de remercîment dans laquelle il lui annonce qu'à son prochain voyage à Vichy il passera deux jours chez lui, à ce beau château de Saint-Romans, que l'ancien bey, le frère de celui-ci, a déjà honoré de sa visite. Vous pensez, quel honneur ! Recevoir un prince régnant. Les Hemerlingue sont dans une rage. Eux qui avaient si bien manœuvré, le fils à Tunis, le père à Paris, pour mettre le Nabab en défaveur... C'est vrai aussi que quinze millions sont une grosse somme. Et ne dites pas : « Passajon nous en compte. » La personne qui m'a mis au courant de l'histoire a tenu entre ses mains le papier envoyé par le bey dans une enveloppe de soie verte timbrée du sceau royal. Si elle ne l'a pas lu, c'est que le papier était écrit en lettres arabes, sans quoi il en aurait pris connaissance comme de toute la correspondance du Nabab. Cette personne, c'est son valet de chambre, M. Noël, auquel j'ai eu l'honneur d'être présenté vendredi dernier à une petite soirée de gens en condition qu'il offrait à tout son entourage. Je consigne le récit de cette fête dans mes mémoires, comme une des choses les plus curieuses que j'ai vues pendant mes quatre ans passés de séjour à Paris.

J'avais cru d'abord quand M. Francis, le valet de chambre de Monpavon, me parla de la chose, qu'il s'agissait d'une de ces petites boustifailles clandestines comme on en fait quelquefois dans les mansardes de notre boulevard avec les restes montés par mademoiselle Séraphine et les autres cuisinières de la maison, où l'on boit du vin volé, où l'on s'empiffre, assis sur des malles avec le tremblement de la peur et deux bougies qu'on éteint au moindre craquement dans les couloirs. Ces cachotteries répugnent à mon caractère... Mais quand je reçus, comme pour le bal des gens de maison, une invitation sur papier rose écrite d'une très belle main :

M. Noël pri M... de se randre à sa soire du 25 couran.

On soupra.

je vis bien, malgré l'orthographe défectueuse, qu'il s'agissait de quelque chose de sérieux et d'autorisé ; je m'habillai donc de ma plus neuve redingote, de mon linge le plus fin, et me rendis place Vendôme, à l'adresse indiquée par l'invitation.

M. Noël avait profité pour donner sa fête d'une première représentation à l'Opéra où la belle société se rendait en masse, ce qui mettait jusqu'à minuit la bride sur le cou à tout le service et la baraque entière à notre disposition. Nonobstant, l'amphitryon avait préféré nous recevoir en haut dans sa chambre, et je l'approuvai fort, étant en cela de l'avis du bonhomme :

Fi du plaisir
Que la crainte peut corrompre !

Mais parlez-moi des combles de la place Vendôme. Un tapis-feutre sur le carreau, le lit caché dans une alcove, des rideaux d'algérienne à raies rouges, une pendule à sujet en marbre vert, le tout éclairé par des lampes modérateurs. Notre doyen, M. Chalmette n'est pas mieux logé que cela à Dijon. J'arrivai sur les neuf heures avec le vieux Francis à Monpavon, et je dois avouer que mon entrée fit sensation, précédé que j'étais par mon passé académique, ma réputation de civilité et de grand savoir. Ma belle mine fit le reste, car il faut bien dire qu'on sait se présenter. M. Noël, en habit noir, très brun de peau, favoris en côtelette, vint au devant de nous :

— Soyez le bienvenu, monsieur Passajon, me dit-il; et prenant ma casquette à galons d'argent que j'avais gardée, pour entrer, à la main droite, selon l'usage, il la donna à un nègre gigantesque en livrée rouge et or.

— Tiens, Lakdar, accroche ça... et ça...,

ajouta-t-il par manière de risée en lui allongeant un coup de pied en un certain endroit du dos.

On rit beaucoup de cette saillie, et nous nous mîmes à causer d'amitié. Un excellent garçon, ce M. Noël, avec son accent du Midi, sa tournure décidée, la rondeur et la simplicité de ses manières. Il m'a fait penser au Nabab, moins la distinction toutefois. J'ai remarqué d'ailleurs ce soir-là que ces ressemblances sont fréquentes chez les valets de chambre qui, vivant en commun avec leurs maîtres, dont ils sont toujours un peu éblouis, finissent par prendre de leur genre et de leurs façons. Ainsi M. Francis a un certain redressement du corps en étalant son plastron de linge, une manie de lever les bras pour tirer ses manchettes, c'est le Monpavon tout craché. Quelqu'un, par exemple, qui ne ressemble pas à son maître, c'est Joë, le cocher du docteur Jenkins. Je l'appelle Joë, mais à la soirée tout le monde l'appelait Jenkins ; car dans ce monde-là, les gens d'écurie se donnent entre eux le nom de leurs patrons, se traitent de Bois-l'Héry, de Monpavon et de Jenkins tout court. Est-ce pour avilir les supérieurs, relever la domesticité ? Chaque pays a ses usages; il n'y a qu'un sot qui doive s'en étonner. Pour en revenir à Joë Jenkins, comment le docteur si affable, si parfait de tout point, peut-il garder à son service cette brute gonflée de *porter* et de *gin* qui reste silencieuse pendant des heures, puis, au premier coup de boisson dans la tête, se met à hurler, à vouloir boxer tout le monde, à preuve la scène scandaleuse qui venait d'avoir lieu quand nous sommes entrés.

Le petit groom du marquis, Tom Bois-l'Héry comme on l'appelle ici, avait voulu rire avec ce malotru d'Irlandais qui — sur une raillerie de gamin Parisien — lui avait riposté par un terrible coup de poing de Belfast au milieu de la figure.

— Saucisson à pattes, moâ!... Saucisson à à pattes, moâ!... » répétait le cocher en suffoquant, tandis qu'on emportait son innocente victime dans la pièce à côté, où ces dames et demoiselles étaient en train de lui bassiner le nez. L'agitation s'apaisa bientôt grâce à notre arrivée, grâce aussi aux sages paroles de M. Barreau, un homme d'âge, posé et majestueux, dans mon genre. C'est le cuisinier du Nabab, un ancien chef du café Anglais que Cardailhac, le directeur des Nouveautés, a procuré à son ami. A le voir en habit, cravate blanche, sa figure pleine et rasée, vous l'auriez pris pour un des grands fonctionnaires de l'Empire. Il est vrai qu'un cuisinier dans une maison où l'on a tous les matins la table mise pour trente personnes, plus le couvert de Madame, tout cela se nourrissant de fin et de surfin, n'est pas un friooteur ordinaire. Il touche des appointements de colonel, logé, nourri, et puis la gratte ! On ne s'imagine pas ce que c'est que la gratte dans une boîte comme celle-ci. Aussi chacun lui parlait-il respectueusement, avec les égards dus à un homme de son importance : « Monsieur Barreau » par-ci, « Mon cher monsieur Barreau » par là. C'est qu'il ne faut pas s'imaginer que les gens de maison entre eux soient tous compères et compagnons. Nulle part plus que chez eux on n'observe la hiérarchie. Ainsi j'ai bien vu à la soirée de M. Noël que les cochers ne frayaient pas avec leurs palefreniers, ni les valets de chambre avec les valets de pied et les chasseurs, pas plus que l'argentier, le maître d'hôtel ne se mêlaient au bas office ; et lorsque M. Barreau faisait une petite plaisanterie quelconque, c'était plaisir de voir comme ses sous-ordres avaient l'air de s'amuser. Je ne suis pas contre ces choses-là. Bien au contraire. Comme disait notre doyen : « Une société sans hiérarchie, c'est une maison sans escalier. » Seulement le fait m'a paru bon à relater dans mes mémoires.

La soirée, je n'ai pas besoin de le dire, ne jouit de tout son éclat qu'au retour de son plus bel ornement, les dames et demoiselles qui étaient allées soigner le petit Tom, femmes de chambre aux cheveux luisants et pommadés, femmes de charge en bonnets garnis de rubans, négresses, gouvernantes, brillante assemblée où j'eus tout de suite beaucoup de prestige grâce à ma tenue respectable et au surnom de « mon oncle » que les plus jeunes parmi ces aimables personnes voulurent bien me donner. Je pense qu'il y avait là pas mal de friperie, de la soie, de la dentelle, même du velours assez fané, des gants à huit boutons nettoyés plusieurs fois et de la parfumerie ramassée sur la table de toilette de madame, mais les visages étaient contents, les esprits tout à la gaieté, et je sus me faire un petit coin très animé, toujours à la convenance — cela va sans dire — et comme il sied à un individu dans ma position. Ce fut du reste le ton général de la soirée. Jusque vers la fin du repas je n'entendis aucun de ces propos malséants, aucune de ces histoires scandaleuses qui amusent si fort ces messieurs du conseil ; et je me plais à constater que Bois-l'Héry le cocher, pour ne citer que celui-là, est autrement bien élevé que Bois-l'Héry le maître.

M. Noël, seul, tranchait par son ton familier et la vivacité de ses reparties. En voilà un qui ne se gêne pas pour appeler les choses par leur nom. C'est ainsi qu'il disait tout haut à M. Francis, d'un bout à l'autre du salon : « Dis donc, Francis, ton vieux filou nous a encore tiré une carotte cette semaine... » Et comme l'autre se rengorgeait d'un air digne, M. Noël s'est mis à rire : « T'offusque pas, ma vieille... Le coffre est solide... Vous n'en viendrez jamais à bout. » Et c'est alors qu'il nous a raconté le prêt des quinze millions dont j'ai parlé plus haut.

Cependant je m'étonnais de ne voir faire aucun préparatif pour ce souper que mentionnaient les cartes d'invitation, et je manifestais tout bas mon inquiétude à une de mes charmantes nièces qui me répondit :

« On attend M. Louis.

— M. Louis ?...

— Comment ! Vous ne connaissez pas M. Louis, le valet de chambre du duc de Mora ? »

On m'apprit alors ce qu'était cet influent personnage dont les préfets, les sénateurs, même les ministres recherchent la protection, et qui doit la leur faire payer salé, puisqu'avec ses douze cents francs d'appointements chez le duc, il a économisé vingt-cinq mille livres de rente, qu'il a ses demoiselles en pension au Sacré-Cœur, son garçon au collège Bourdaloue, et un châlet en Suisse où toute la famille va s'installer aux vacances.

Le personnage arriva par là-dessus ; mais rien dans son physique n'aurait fait deviner cette position unique à Paris. Pas de majesté dans la tournure, un gilet boutonné jusqu'au col, l'air chafouin et insolent, et une façon de parler sans remuer les lèvres, bien malhonnête pour ceux qui vous écoutent.

Il salua l'assemblée d'un léger mouvement de tête, tendit un doigt à M. Noël, et nous étions là à nous regarder, glacés par ses grandes manières, quand une porte s'ouvrit au fond et le souper nous apparut avec toutes sortes de viandes froides, des pyramides de fruits, des bouteilles de toutes les formes, sous les feux de deux candélabres.

« Allons, messieurs, la main aux dames... »

En une minute nous voici installés, ces dames assises avec les plus âgés ou les plus conséquents de nous tous, les autres debout, servant, bavardant, buvant dans tous les verres, piquant un morceau dans toutes les assiettes. J'avais M. Francis pour voisin, et je dus entendre ses rancunes contre M. Louis, dont il jalousait la place si belle en comparaison de celle qu'il occupait chez son décavé de la noblesse.

« C'est un parvenu, me disait-il tout bas... Il doit sa fortune à sa femme, à Madame Paul. »

Il paraît que cette Madame Paul est une femme de charge, depuis vingt ans chez le duc, et qui s'entend comme personne à lui fabriquer une certaine pommade pour des incommodités qu'il a. Mora ne peut pas s'en passer. Voyant cela, M. Louis a fait la cour à cette vieille dame, l'a épousée quoique bien plus jeune qu'elle; et afin de ne pas perdre sa garde-malade aux pommades, l'Excellence a pris le mari pour valet de chambre. Au fond, malgré ce que je disais à M. Francis, moi je trouvais ça très bien et conforme à la plus saine morale puisque le maire et le curé y ont passé. D'ailleurs, cet excellent repas, composé de nourritures fines et très chères que je ne connaissais pas même de nom, m'avait bien disposé l'esprit à l'indulgence et à la bonne humeur. Mais tout le monde n'était pas dans les mêmes dispositions, car j'entendais de l'autre côté de la table la voix de basse-taille de M. Barreau qui grondait :

« De quoi se mêle-t-il ? Est-ce que je mets le nez dans son service ? D'abord c'est Bompain que ça regarde et pas lui... Et puis, quoi ! Qu'est-ce qu'on me reproche ? Le boucher m'envoie cinq paniers de viande tous les matins. Je n'en use que deux, je lui revends les trois autres. Quel est le chef qui ne fait pas ça ? Comme si, au lieu de venir espionner dans mon sous-sol, il ne ferait pas mieux de veiller au grand coulage de là-haut. Quand je pense qu'en trois mois la clique du premier a fumé pour vingt-huit mille francs de cigares... Vingt-huit mille francs ! Demandez à Noël si je mens. Et au second, chez madame, c'est là qu'il y en a un beau gâchis de linge, de robes jetées au bout d'une fois, des bijoux à poignées, des perles qu'on écrase en marchant. Oh! mais, attends un peu, je te le repincerai ce petit monsieur-là. »

Je compris qu'il s'agissait de M. de Géry, ce jeune secrétaire du Nabab qui vient souvent à la *Territoriale*, où il est toujours à farfouiller dans les livres. Très poli certainement, mais un garçon très fier qui ne sait pas se faire valoir. Ça n'a été autour de la table qu'un concert de malédictions contre lui. M. Louis lui-même a pris la parole à ce sujet avec son grand air :

« Chez nous, mon cher monsieur Barreau, le cuisinier a eu tout récemment une histoire dans le genre de la vôtre avec le chef de cabinet de Son Excellence qui s'était permis de lui faire quelques observations sur la dépense. Le cuisinier est monté chez le duc dare-dare en tenue d'office, et la main sur le cordon de son tablier : « Que votre Excellence choisisse entre monsieur et moi... » Le duc n'a pas hésité. Des chefs de cabinet on en trouve tant qu'on en veut; tandis que les bons cuisiniers, on les connaît. Il y en a quatre en tout dans Paris... Je vous compte, mon cher Barreau... Nous avons congédié notre chef de cabinet en lui donnant une préfecture de première classe comme consolation; mais nous avons gardé notre chef de cuisine.

— Ah ! voilà... dit M. Barreau, qui jubilait d'entendre cette histoire... Voilà ce que c'est de servir chez un grand seigneur... Mais les parvenus sont les parvenus, qu'est-ce que vous voulez ?

— Et Jansoulet n'est que ça, ajouta M. Francis en tirant ses manchettes... Un homme qui a été portefaix à Marseille. »

Là-dessus, M. Noël prit la mouche.

« Hé ! là-bas, vieux Francis, vous êtes tout de même bien content de l'avoir pour payer vos cuites de bouillotte, le portefaix de la Cannebière... On t'en collera des parvenus comme nous, qui prêtent des millions aux rois et que les grands seigneurs comme Mora ne rougissent pas d'admettre à leur table...

— Oh ! à la campagne, » ricana M. Francis en faisant voir sa vieille dent.

L'autre se leva, tout rouge, il allait se fâcher, mais M. Louis fit signe avec la main qu'il avait quelque chose à dire et M. Noël s'assit tout de suite, mettant comme nous tous son oreille en cornet pour ne rien perdre des augustes paroles.

« C'est vrai, disait le personnage, parlant du bout des lèvres et sirotant son vin à petits coups, c'est vrai que nous avons reçu le Nabab à Grandbois l'autre semaine. Il s'est même passé quelque chose de très amusant... Nous avons beaucoup de champignons dans le second parc, et Son Excellence s'amuse quelquefois à en ramasser. Voilà qu'à dîner on sert un grand plat d'oranges. Il y avait là, chose... machin... comment donc... Marigny, le ministre de l'intérieur, Monpavon, et votre maître, mon cher Noël. Les champignons font le tour de la table, ils avaient bonne mine, ces messieurs, en remplissent leurs assiettes, excepté M. le duc qui ne les digère pas et croit par politesse devoir dire à ses invités : « Oh! vous savez, ce n'est pas que je me méfie. Ils sont très sûrs... C'est moi-même qui les ai cueillis.

— Sapristi! dit Monpavon en riant, alors, mon cher Auguste, permettez que je n'y goûte pas. » Marigny, moins familier, regardait son assiette de travers.

« Mais si, Monpavon, je vous assure... ils ont l'air très sains ces champignons. Je regrette vraiment de n'avoir plus faim. »

Le duc restait très sérieux.

« Ah ça! monsieur Jansoulet, j'espère bien que vous n'allez pas me faire cet affront, vous aussi. Des champignons choisis par moi.

— Oh! Excellence, comment donc !... Mais les yeux fermés. »

Vous pensez s'il avait de la veine, ce pauvre Nabab, pour la première fois qu'il mangeait chez nous. Duperron, qui servait en face de lui, nous a raconté ça à l'office. Il paraît qu'il n'y avait rien de plus comique que de voir le Jansoulet se bourrer de champignons en roulant des yeux épouvantés, pendant que les autres le regardaient curieusement sans toucher à leurs assiettes. Il en suait, le malheureux ! Et ce qu'il y a de plus fort, c'est qu'il en a repris, il a eu le courage d'en reprendre. Seulement il se fourrait des verrées de vin comme un maçon, entre chaque bouchée... Eh bien ! voulez-vous que je vous dise ? C'est très malin ce qu'il a fait là ; et ça ne m'étonne plus maintenant que ce gros bouvier soit devenu le favori des souverains. Il sait où les flatter, dans les petites prétentions qu'on n'avoue pas... Bref, le duc est toqué de lui depuis ce jour. »

Cette historiette fit beaucoup rire, et dissipa les nuages assemblés par quelques paroles imprudentes. Et alors, comme le vin avait délié les langues, que chacun se connaissait mieux, on posa les coudes sur la table et l'on se mit à parler des maîtres, des places où l'on avait servi, de ce qu'on y avait vu de drôle. Ah ! j'en ai entendu de ces aventures, j'en ai vu défiler de ces intérieurs. Naturellement j'ai fait aussi mon petit effet avec l'histoire de mon garde-manger à la *Territoriale*, l'époque où je mettais mon fricot dans la caisse vide, ce qui n'empêchait pas notre vieux caissier, très formaliste, de changer le mot de la serrure tous les deux jours, comme s'il y avait eu dedans tous les trésors de la Banque de France. M. Louis a paru prendre plaisir à mon anecdote. Mais le plus étonnant, ça été ce que le petit Bois-l'Héry, avec son accent de voyou parisien, nous a raconté du ménage de ses maîtres...

Marquis et marquise de Bois-l'Héry, deuxième étage, boulevard Haussmann. Un mobilier comme aux Tuileries, du satin bleu sur tous les murs, des chinoiseries, des tableaux, des curiosités, un vrai musée, quoi ! débordant jusque sur le palier. Service très calé : six domestiques, l'hiver livrée marron, l'été livrée nankin. On voit ces gens-là partout, aux petits lundis, aux courses, aux premières représentations, aux bals d'ambassade, et toujours leur nom dans les journaux avec une remarque sur les belles toilettes de madame et le chic épatant de monsieur... Eh bien ! tout ça n'est rien du tout que du fla-fla, du plaqué, de l'apparence, et quand il manque cent sous au marquis, personne ne les lui prêterait sur ses possessions... Le mobilier est loué à la quinzaine chez Fitily, le tapissier des cocottes. Les curiosités, les tableaux appartiennent au vieux Schwalbach, qui adresse là ses clients et leur fait payer doublement cher parce qu'on ne marchande pas quand on croit acheter à un marquis, à un amateur. Pour les toilettes de la marquise, la modiste et la couturière les lui fournissent à l'œil chaque saison, lui font porter les modes nouvelles, un peu cocasses parfois, mais que la société adopte ensuite parce que madame est très belle femme encore et réputée pour l'élégance ; c'est ce qu'on appelle une *lanceuse*. Enfin, les domestiques ! Provisoires comme le reste, changés tous les huit jours au gré du bureau de placement qui les envoie là faire un stage pour les places sérieuses. Si l'on n'a ni répondants, ni certificats, qu'on tombe de prison ou d'ailleurs, Glanand, le grand placier de la rue de la Paix, vous expédie boulevard Haussmann. On sert une, deux semaines, le temps d'acheter les bons renseignements du marquis, qui, bien entendu, ne vous paye pas et vous nourrit à peine ; car dans cette maison-là les fourneaux de la cuisine restent froids la plupart du temps, Monsieur et Madame s'en allant dîner en ville presque tous les soirs ou dans des bals où l'on soupe. C'est positif qu'il y a des gens à Paris qui prennent le buffet au sérieux et font le premier repas de leur journée passé minuit. Aussi les Bois-l'Héry sont renseignés sur les maisons à buffet. Ils vous diront qu'on soupe très bien à l'ambassade d'Autriche, que l'ambassade d'Espagne néglige un peu les vins, et que c'est encore aux Affaires Étrangères qu'on trouve les meilleurs chaud-froid de volailles. Et voilà la vie de ce drôle de ménage. Rien de ce qu'ils ont ne tient sur eux, tout est faufilé, attaché par des épingles. Un coup de vent, et tout s'envole. Mais au moins ils sont sûrs de ne rien perdre. C'est ça qui donne au marquis cet air blagueur de père Tranquille qu'il a en vous regardant, les deux mains dans ses poches, comme pour vous dire : « Eh ben, après? qu'est-ce qu'on peut me faire? »

Et le petit groom, dans l'attitude susdite, avec sa tête d'enfant vieillot et vicieux, imitait si bien son patron qu'il me semblait le voir lui-même au milieu de notre conseil d'administration, planté devant le gouverneur et l'accablant de ses plaisanteries cyniques. C'est égal, il faut avouer que Paris est une fièrement grande ville pour qu'on puisse y vivre ainsi quinze ans, vingt ans d'artifices, de ficelles, de poudre aux yeux, sans que tout le monde vous connaisse, et faire encore une entrée triomphante dans un salon derrière son nom crié à toute volée : « Monsieur le marquis de Bois-l'Héry. »

Non, voyez-vous, ce qu'on apprend de choses dans une soirée de domestiques; ce que la société parisienne est curieuse à regarder ainsi par le bas, par les sous-sols, il faut y être allé pour le croire. Ainsi, me trouvant entre M. Francis et M. Louis, voici un petit bout de conversation confidentielle que j'ai saisi sur le sire de Monpavon. M. Louis disait :

« Vous avez tort, Francis, vous êtes en fonds en ce moment. Vous devriez en profiter pour rendre cet argent au Trésor.

— Qu'est-ce que vous voulez? répondait

M. Francis d'un air malheureux... Le jeu nous dévore.

— Oui, je sais bien. Mais prenez garde. Nous ne serons pas toujours là. Nous pouvons mourir, descendre du pouvoir. Alors on vous demandera des comptes là-bas. Et ce sera terrible... »

J'avais bien souvent entendu chuchoter cette histoire d'un emprunt forcé de deux cent mille francs que le marquis aurait fait à l'État, du temps qu'il était receveur général ; mais le témoignage de son valet de chambre était pire que tout... Ah ! si les maîtres se doutaient de ce que savent les domestiques, de tout ce qu'on raconte à l'office, s'ils pouvaient voir leur nom traîner au milieu des balayures d'appartement et des détritus de cuisine, jamais ils n'oseraient plus seulement dire : « Fermez la porte » ou « attelez. » Voilà, par exemple, le docteur Jenkins, la plus riche clientèle de Paris, dix ans de ménage avec une femme magnifique, recherchée partout ; il a eu beau tout faire pour dissimuler sa situation, annoncer à l'anglaise son mariage dans les journaux, n'admettre chez lui que des domestiques étrangers sachant à peine trois mots de français. Avec ces trois mots, assaisonnés de jurons de faubourg et de coups de poing sur la table, son cocher Joë, qui le déteste, nous a raconté toute son histoire pendant le souper.

« Elle va claquer, son Irlandaise, sa vraie...

Savoir maintenant s'il épousera l'autre. Quarante-cinq ans, mistress Maranne, et pas un schelling... Faut voir comme elle a peur d'être lâchée... L'épousera, l'épousera pas... kss... kss... nous allons rire. » Et plus on le faisait boire, plus il en racontait, traitant sa malheureuse maîtresse comme la dernière des dernières... Moi j'avoue qu'elle m'intéressait, cette fausse madame Jenkins, qui pleure dans tous les coins, supplie son amant comme le bourreau et court le risque d'être plantée là, quand toute la société la croit mariée, respectable, établie. Les autres ne faisaient qu'en rire, les femmes surtout. Dame! c'est amusant quand on est en condition de voir que ces dames de la haute ont leurs affronts aussi et des tourments qui les empêchent de dormir.

Notre tablée présentait à ce moment le coup d'œil le plus animé, un cercle de figures joyeuses tendues vers cet Irlandais qui avait le pompon pour son anecdote. Cela excitait des envies; on cherchait, on ramassait dans sa mémoire ce qu'il pouvait y traîner de vieux scandales, d'aventures de maris trompés, de ces faits intimes vidés à la table de cuisine avec les fonds de plats et les fonds de bouteilles. C'est que le champagne commençait à faire des siennes parmi les convives. Joë voulait danser une gigue sur la nappe. Les dames, au moindre mot un peu gai, se renversaient avec des rires aigus de personnes qu'on chatouille, laissant traîner leurs jupons brodés sous la table pleine de débris de victuailles et de graisses répandues. M. Louis s'était retiré discrètement. On remplissait les verres sans les vider; une femme de charge trempait dans le sien rempli d'eau un mouchoir dont elle se baignait le front, parce que la tête lui tournait, disait-elle. Il était temps que cela finît; et de fait une sonnette électrique, carillonnant dans le couloir, nous avertissait que le valet de pied, de service au théâtre, venait appeler les cochers. Là-dessus Monpavon porta un toast au maître de la maison en le remerciant de sa petite soirée. M. Noël annonça qu'il la recommencerait à Saint-Romans, pour les fêtes du bey, où la plupart des assistants seraient probablement invités. Et j'allais me lever à mon tour, assez habitué aux repas de corps pour savoir qu'en pareille occasion le plus vieux de l'assemblée est tenu de porter une santé aux dames, quand la porte s'ouvrit brusquement, et un grand valet de pied tout crotté, un parapluie ruisselant à la main, suant, essoufflé, nous cria, sans respect pour la compagnie :

« Mais arrivez donc, tas de « mufes... » qu'est-ce que vous fichez là?... Quand on vous dit que c'est fini. »

XI

LES FÊTES DU BEY

Dans les régions du Midi, de civilisation lointaine, les châteaux historiques encore debout sont rares. A peine de loin en loin quelque vieille abbaye dresse-t-elle au flanc des collines sa façade tremblante et démembrée, percée de trous qui ont été des fenêtres et dont l'ouverture ne regarde plus que le ciel, monument de poussière calciné de soleil, datant de l'époque des croisades ou des cours d'amour, sans un vestige de l'homme parmi ses pierres où le lierre ne grimpe même plus, ni l'acanthe, mais qu'embaument les lavandes sèches et les férigoules. Au milieu de toutes ces ruines, le château de Saint-Romans fait une illustre exception. Si vous avez voyagé dans le Midi, vous l'avez vu et vous allez le revoir tout de suite. C'est entre Valence et Montélimart, dans un site où la voie ferrée court à pic tout le long du Rhône, au bas des riches coteaux de Beaume, de Raucoule, de Mercurol, tout le cru brûlant de l'Ermitage répandu sur cinq lieues de ceps serrés, alignés, dont les plantations moutonnent aux yeux, dégringolent jusque dans le fleuve, vert et plein d'îles à cet endroit comme le Rhin du côté de Bâle, mais avec un coup de soleil que le Rhin n'a jamais eu. Saint-Romans est en face sur l'autre rive; et, malgré la rapidité de la vision, la lancée à toute vapeur des wagons qui semblent vouloir à chaque tournant se précipiter rageusement dans le Rhône, le château est si vaste, se développe si bien sur la côte voisine qu'en apparence il suit la course affolée du train et fixe à jamais dans vos yeux le souvenir de ses rampes, de ses balustres, de son architecture italienne, deux étages assez bas surmontés d'une terrasse à colonnettes, flanqués de deux pavillons coiffés d'ardoise et dominant les grands talus où l'eau des cascades rebondit, le lacis des allées sablées et remontantes, la perspective des immenses charmilles terminées par quelque statue blanche qui se découpe dans le bleu comme sur le fond lumineux d'un vitrail. Tout en haut, au milieu de vastes pelouses dont la verdure éclate ironiquement sous l'ardent climat, un cèdre gigantesque étage ses verdures crêtées aux ombres flottantes et noires, silhouette exotique qui fait songer, debout devant cette ancienne demeure d'un fermier général du temps de Louis XIV, à quelque grand nègre portant le parasol d'un gentilhomme de la cour.

De Valence à Marseille, dans toute la vallée du Rhône, Saint-Romans de Bellaigue est célèbre comme un palais de fées ; et c'est bien une vraie féerie dans ces pays brûlés de mistral que cette oasis de verdure et de belle eau jaillissante.

« Quand je serai riche, maman, disait Jansoulet tout gamin à sa mère qu'il adorait, je te donnerai Saint-Romans de Bellaigue. »

Et comme la vie de cet homme semblait l'accomplissement d'un conte des *Mille et une Nuits*, que tous ses souhaits se réalisaient, même les plus disproportionnés, que ses chimères les plus folles venaient s'allonger devant lui, lécher ses mains ainsi que des barbets familiers et soumis, il avait acheté Saint-Romans, pour l'offrir à sa mère, meublé à neuf et grandiosement restauré. Quoiqu'il y eût dix ans de cela, la brave femme ne s'était pas encore faite à cette installation splendide. « C'est le palais de la reine Jeanne que tu m'as donné, mon pauvre Bernard, écrivait-elle à son fils ; jamais je n'oserai habiter là. » Elle n'y habita jamais, en effet, s'étant logée dans la maison du régisseur, un pavillon de construction moderne placé tout au bout de la propriété d'agrément pour surveiller les communs et la ferme, les bergeries et les *moulins d'huile*, avec leur horizon champêtre de blés en meules, d'oliviers et de vignes s'étendant sur le plateau à perte de vue. Au grand château elle se serait crue prisonnière dans une de ces demeures enchantées où le sommeil vous prend en plein bonheur et ne vous quitte plus de cent ans. Ici du moins, la paysanne qui n'avait jamais pu s'habituer à cette fortune colossale, venue trop tard, de trop loin et en coup de foudre, se sentait rattachée à la réalité par le va-et-vient des travailleurs, la sortie et la rentrée des bestiaux, leurs promenades vers l'abreuvoir, toute cette vie pastorale qui l'éveillait au chant accoutumé des coqs, aux cris aigus des paons, et lui faisait descendre avant l'aube l'escalier en vrille du pavillon. Elle ne se considérait que comme dépositaire de ce bien magnifique, qu'elle gardait pour le compte de son fils et voulait lui rendre en bon état, le jour où, se trouvant assez riche, fatigué de vivre chez les *Turs*, il viendrait, selon sa promesse, demeurer avec elle sous les ombrages de Saint-Romans.

Aussi quelle surveillance universelle et infatigable.

Dans les brumes du petit jour, les valets de

ferme entendaient sa voix rauque et voilée : « Olivier... Peyrol... Audibert... Allons !... C'est quatre heures. » Puis un saut dans l'immense cuisine, où les servantes, lourdes de sommeil, faisaient chauffer la soupe sur le feu clair et pétillant des souches. On lui donnait son petit plat en terre rouge de Marseille tout rempli de châtaignes bouillies, frugal déjeuner d'autrefois que rien ne lui aurait fait changer. Aussitôt la voilà courant à grandes enjambées, son large clavier d'argent à la ceinture où tintaient toutes ses clefs, son assiette à la main mal équilibrée par la quenouille qu'elle tenait en bataille sous le bras, car elle filait tout le long du jour et ne s'interrompait même pas pour manger ses châtaignes. En passant, un coup d'œil à l'écurie encore noire où les bêtes se remuaient pesamment, à la crèche étouffante garnie vers sa porte de mufles impatients et tendus; et les premières lueurs, glissant sur les assises de pierre qui soutenaient les remblais du parc, éclairaient la vieille femme courant dans la rosée avec la légèreté d'une jeune fille, malgré ses soixante-dix ans, vérifiant exactement chaque matin toutes les richesses du domaine, inquiète de constater si la nuit n'avait pas enlevé les statues et les vases, déraciné les quinconces centenaires, tari les sources qui s'égrenaient dans leurs vasques retentissantes. Puis le plein soleil de midi, bourdonnant et vibrant, découpait encore sur le sable d'une allée, contre le mur blanc d'une terrasse, cette longue taille de vieille, fine et droite comme son fuseau, ramassant des morceaux de bois mort, cassant une branche d'arbuste mal alignée, sans souci de l'ardente réverbération qui glissait sur sa peau dure comme sur la pierre d'un vieux banc. Vers cette heure là aussi, un autre promeneur se montrait dans le parc, moins actif, moins bruyant, se traînant plutôt qu'il ne marchait, s'appuyant aux murs, aux balustrades, un pauvre être voûté, branlant, ankylosé, figure éteinte et sans âge, ne parlant jamais, et lorsqu'il était las, poussant un petit cri plaintif vers le domestique toujours près de lui qui l'aidait à s'asseoir, à s'accroupir sur quelque marche, où il restait pendant des heures, immobile et muet, la bouche détendue, les yeux clignotants, bercé par la monotonie stridente des cigales, souillure d'humanité devant le splendide horizon.

Celui-là, c'était l'*aîné*, le frère de Bernard, l'enfant chéri du père et de la mère Jansoulet, la beauté, l'intelligence, l'espoir glorieux de la famille du cloutier, qui, fidèle comme tant d'autres dans le Midi à la superstition du droit d'aînesse, avait fait tous les sacrifices pour envoyer à Paris ce garçon ambitieux, parti avec quatre ou cinq bâtons de maréchal dans sa malle, l'admiration de toutes les filles du bourg, et que Paris, — après avoir, pendant dix ans, battu, tordu, pressuré dans sa grande cuve ce brillant chiffon méridional, l'avoir brûlé dans tous ses vitriols, roulé dans toutes ses fanges, — finit par renvoyer à cet état de loque et d'épave, abruti, paralysé, ayant tué son père de chagrin, et obligé sa mère à tout vendre chez elle, à vivre d'une domesticité passagère dans les maisons aisées du pays. Heureusement qu'à ce moment-là, lorsque ce débris des hospices parisiens, rapatrié par l'assistance publique, tomba au Bourg-Saint-Andéol, Bernard, — celui qu'on appelait Cadet, comme dans les familles méridionales à demi-arabes, où l'aîné prend toujours le nom familial et le dernier venu, celui de Cadet, — Bernard était déjà à Tunis, en train de faire fortune, envoyant régulièrement de l'argent au foyer. Mais, quels remords pour la pauvre maman, de tout devoir, même la vie, le bien-être du triste malade, au robuste et courageux garçon, que le père et elle avaient toujours aimé, sans tendresse, que, depuis l'âge de cinq ans, ils s'étaient habitués à traiter comme un manœuvre, parce qu'il était très fort, crépu et laid, et s'entendait déjà mieux que personne à la maison à trafiquer sur les vieux clous. Ah! comme elle aurait voulu l'avoir près d'elle, son Cadet, lui rendre un peu de tout le bien qu'il lui faisait, payer en une fois cet arriéré de tendresse de câlineries maternelles qu'elle lui devait.

Mais, voyez-vous, ces fortunes de roi ont les charges, les tristesses des existences royales. Cette pauvre mère Jansoulet, dans son milieu éblouissant, était bien comme une vraie reine, connaissant les longs exils, les séparations cruelles et les épreuves qui compensent la grandeur; un de ses fils, éternellement stupéfait, l'autre, au lointain, écrivant peu, absorbé par ses grandes affaires, disant toujours : « Je viendrai, » et ne venant pas. En douze ans, elle ne l'avait vu qu'une fois, dans le tourbillon d'une visite du bey à Saint-Romans : un train de chevaux, de carrosses, de pétards, de fêtes. Puis, il était reparti derrière son monarque, ayant à peine le temps d'embrasser sa vieille mère, qui n'avait gardé de cette grande joie, si impatiemment attendue, que quelques images de journaux, où l'on montrait Bernard Jansoulet, arrivant au château avec Ahmed et lui présentant sa vieille mère, — n'est-ce pas ainsi que les rois et les reines ont leurs effusions de famille illustrées dans les feuilles, — plus un cèdre du Liban, amené du bout du monde, un grand « caramantran » de gros arbre, d'un transport aussi coûteux, aussi encombrant que l'obélisque, hissé, mis en place à force d'hommes, d'argent, d'attelages, et qui pendant longtemps avait bouleversé tous les massifs pour l'installation d'un souvenir commémoratif de la visite royale. Au moins, à ce voyage-ci, le sachant en France pour plusieurs mois, peut-être pour toujours, elle espérait avoir son Bernard tout à elle. Et voici qu'il lui arrivait un beau soir, enveloppé de la même gloire triomphante, du même appareil officiel, entouré d'une foule de comtes, de marquis, de beaux messieurs de Paris, remplissant, eux et leurs domestiques, les deux grands breacks qu'elle avait envoyés les attendre à la petite gare de Giffas, de l'autre côté du Rhône.

« Mais, embrassez-moi donc, ma chère maman. Il n'y a pas de honte à serrer bien fort contre son cœur son garçon, qu'on n'a pas vu depuis des années... D'ailleurs, tous ces messieurs sont nos amis... Voici M. le marquis de Monpavon, M. le marquis de Bois-l'Héry... Ah! ce n'est plus le temps où je vous amenais pour manger la soupe de fèves avec nous, le petit Cabassu et Bompain Jean-Baptiste... Vous connaissez M. de Géry?... Avec mon vieux Cardailhac, que je vous présente, voilà la première fournée... Mais il va en arriver d'autres... Préparez-vous à un branle-bas terrible... Nous recevons le bey dans quatre jours.

— Encore le bey!... dit la bonne femme épouvantée. Je croyais qu'il était mort. »

Jansoulet et ses invités ne purent s'empêcher

de rire devant cet effarement comique, accentué par l'intonation méridionale.

« Mais c'est un autre, maman... Il y en a toujours des beys... Heureusement, sapristi!... Seulement, n'ayez pas peur. Vous n'aurez pas, cette fois, autant de tracas... L'ami Cardailhac s'est chargé de l'organisation. Nous allons avoir des fêtes superbes... En attendant, vite le dîner et des chambres. Nos Parisiens sont éreintés.

— Tout est prêt, mon fils, » dit simplement la vieille, raide et droite sous sa cambrésine, la coiffe aux barbes jaunies, qu'elle ne quittait pas même pour les grandes fêtes. La fortune ne l'avait pas changée, celle-là. C'était la paysanne de la vallée du Rhône, indépendante et fière, sans aucune des humilités sournoises des ruraux peints par Balzac, trop simple aussi pour avoir l'enflure de sa richesse. Une seule fierté, montrer à son fils avec quels soins méticuleux elle s'était acquittée de ses fonctions de gardienne. Pas un atome de poussière, pas une moisissure aux murs. Tout ce splendide rez-de-chaussée, les salons, aux chatoyantes soieries au dernier moment tirées des housses, les longues galeries d'été, pavées en mosaïque, fraîches et sonores, que leurs canapés Louis XV, cannés et fleuris, meublaient à l'ancien temps avec une coquetterie estivale, l'immense salle à manger, décorée de rameaux et de fleurs, et et jusqu'à la salle de billard, avec ses rangées d'ivoires brillants, ses lustres et ses panoplies, toute la longueur du château, par ses portes-fenêtres, larges ouvertes sur le vaste perron seigneurial, s'étalait à l'admiration des arrivants, renvoyait à ce merveilleux horizon de nature et de soleil couchant sa richesse, paisible et sereine, reflétée dans les panneaux des glaces, les boiseries cirées ou vernies, avec la même pureté qui doublait sur le miroir des pièces d'eau les peupliers penchés l'un vers l'autre et les cygnes nageant au repos. Le cadre était si beau, l'aspect général si grandiose, que le luxe criard et sans choix se fondait, disparaissait aux yeux les plus subtils.

« Il y a de quoi faire... » dit le directeur Cardailhac, le lorgnon sur l'œil, le chapeau incliné, combinant déjà sa mise en scène.

Et la mine hautaine de Monpavon, que la coiffe de la vieille femme les recevant sur le perron avait choqué d'abord, fit place à un sourire condescendant. Il y avait de quoi faire certainement et, guidé par des gens de goût, leur ami Jansoulet pouvait donner à l'altesse maugrabine une réception fort convenable. Toute la soirée il ne fut question que de cela entre eux. Les coudes sur la table, dans la salle à manger somptueuse, enflammés et repus, ils combinaient, discutaient. Cardailhac, qui voyait grand, avait déjà tout son plan fait.

« D'abord, carte blanche, n'est-ce pas, Nabab?

— Carte blanche, mon vieux. Et que le gros Hemerlingue en crève de male rage. »

Alors le directeur racontait ses projets, la fête divisée en journées comme à Vaux quand Fouquet reçut Louis XIV ; un jour la comédie, un autre jour les fêtes provençales, farandoles, taureaux, musiques locales ; le troisième jour... Et déjà avec sa manie directoriale il esquissait des programmes, des affiches, pendant que Bois-l'Héry, les deux mains dans ses poches, renversé sur sa chaise, dormait, le cigare calé dans un coin de sa bouche ricaneuse, et que le marquis de Monpavon toujours à la tenue redressait son plastron à chaque instant pour se tenir éveillé.

De bonne heure, Géry les avait quittés. Il était allé se réfugier près de la vieille maman qui l'avait connu tout jeune, lui et ses frères, — dans l'humble parloir du pavillon aux rideaux blancs, aux tentures claires chargées d'images où la mère du Nabab essayait de faire revivre son passé d'artisane à l'aide de quelques reliques sauvées du naufrage.

Paul causait doucement en face de la belle vieille aux traits réguliers et sévères, aux cheveux blancs et massés comme le chanvre de sa quenouille, et qui tenait droit sur sa chaise son buste plat serré dans un petit châle vert, n'ayant de sa vie appuyé son dos à un dossier de siège, ne s'étant jamais assise dans un fauteuil. Il l'appelait Françoise, elle l'appelait M. Paul. C'étaient de vieux amis... Et devinez de quoi ils parlaient. De ses petits-enfants, pardi ! des trois garçons de Bernard qu'elle ne connaissait pas, qu'elle aurait tant voulu connaître.

« Ah ! monsieur Paul, si vous saviez comme il m'en tarde... J'aurais été si heureuse s'il me les avait amenés, mes trois petits, au lieu de tous ces beaux hommes... Pensez que je ne les ai jamais vus, excepté sur les portraits qui sont là... Leur mère me fait un peu peur, c'est une grande dame tout à fait, une demoiselle Afchin... Mais eux, les enfants, je suis sûre qu'ils ne sont pas farauds et qu'ils aimeraient bien leur vieille *grand*... Moi, il me semblerait que c'est leur père tout petit, et je leur rendrais ce que je n'ai pas donné au père... car, voyez-vous, monsieur Paul, les parents ne sont pas toujours justes. On a des préférences. Mais Dieu est juste, lui. Les figures qu'on a le mieux fardées et bichonnées au détriment des autres, il faut voir comme il vous les arrange... Et les préférences des vieux portent souvent malheur aux jeunes. »

Elle soupira en regardant du côté de la grande alcôve dont les hauts lambrequins, les rideaux tombants laissaient passer par intervalles un long souffle grelottant, comme la plainte endormie d'un enfant qu'on a battu et qui a beaucoup pleuré...

Un pas lourd dans l'escalier, une grosse voix douce disant tout bas : « C'est moi... ne bougez pas. » Et Jansoulet parut. Tout le monde couché au château, comme il savait les habitudes de la mère et que sa lampe veillait toujours la dernière allumée dans la maison, il venait la voir, causer un peu avec elle, lui donner ce vrai bonjour du cœur qu'ils n'avaient pu échanger devant les autres. « Oh! restez, mon cher Paul; devant vous, nous ne nous gênons pas. » Et, redevenu enfant en présence de sa mère, il jeta par terre à ses pieds tout son grand corps, avec une câlinerie de gestes et de paroles vraiment touchante. Elle aussi était bien heureuse de l'avoir là tout près, mais elle s'en trouvait quand même un peu gênée, le considérant comme un être tout-puissant, extraordinaire, l'élevant dans sa naïveté à la hauteur d'un Olympien entouré d'éclairs et de foudres, possédant la toute-puissance. Elle lui parlait, s'informait s'il était toujours content de ses amis, de ses affaires, sans toutefois oser lui adresser la question qu'elle avait faite à de Géry : « Pourquoi ne m'a-t-on pas amené mes petits-enfants? » Mais c'est lui le premier qui en parla :

« Ils sont en pension, maman... sitôt les vacances, on vous les enverra avec Bompain... Vous vous rappelez bien, Bompain Jean-Baptiste?... Et vous les garderez deux grands mois.

Ils viendront près de vous se faire raconter de belles histoires, ils s'endormiront la tête sur votre tablier, là, comme ça... »

Et lui-même, mettant sa tête crépue, lourde comme un lingot, sur les genoux de la vieille, se rappelant les bonnes soirées de son enfance où il s'endormait ainsi quand on voulait bien le lui permettre, quand la tête de l'aîné ne tenait pas toute la place; il goûtait, pour la première fois depuis son retour en France, quelques minutes d'un repos délicieux en dehors de sa vie bruyante et factice, serré contre ce vieux cœur maternel qu'il entendait battre à coups réguliers comme le balancier de l'horloge centenaire adossée à un coin de la chambre, dans ce grand silence de la nuit et de la campagne que l'on sent planer sur tant d'espace illimité... Tout à coup le même long soupir d'enfant endormi dans un sanglot se fit entendre au fond de la chambre. Jansoulet releva la tête, regarda sa mère, et tout bas:

« Est-ce que c'est?...

— Oui, dit-elle, je le fais coucher là... Il pourrait avoir besoin de moi, la nuit.

— Je voudrais bien le voir, l'embrasser.

— Viens! »

La vieille se leva, grave, prit sa lampe, marcha à l'alcôve dont elle tira le grand rideau doucement, et fit signe à son fils d'approcher, sans bruit.

Il dormait... Et nul doute que dans le sommeil quelque chose revêcût en lui qui n'y était pas pendant la veille, car au lieu de l'immobilité molle où il restait figé tout le jour, il avait à cette heure de grands sursauts qui le secouaient, et sur sa figure inexpressive et morte un pli de vie douloureuse, une contraction souffrante. Jansoulet, très ému, regarda ces traits maigris, flétris, terreux, où la barbe, ayant pris toute la vitalité du corps, poussait avec une vigueur surprenante, puis il se pencha, posa ses lèvres sur le front moite de sueur et, le sentant tressaillir, il dit tout bas gravement, respectueusement, comme on parle au chef de famille :

« Bonjour, l'Aîné. »

Peut-être l'âme captive l'avait-elle entendu au fond de ses limbes ténébreuses et abjectes. Mais les lèvres s'agitèrent, et un long gémissement lui répondit, plainte lointaine, appel désespéré qui remplit de larmes impuissantes le regard échangé entre Françoise et son fils et leur arracha à tous les deux un même cri où leur douleur se rencontrait : « Pécaïré ! » le mot local de toutes les pitiés, de toutes les tendresses.

Le lendemain, dès la première heure, le branle-bas commença par l'arrivée des comédiennes et des comédiens, une avalanche de toques, de chignons, de grandes bottes, de jupes courtes, de cris étudiés, de voiles flottant sur la fraîcheur du maquillage; les femmes en grande majorité, Cardailhac ayant pensé que pour un bey le spectacle importait peu, qu'il s'agissait seulement de faire résonner des voix fausses dans de jolies bouches, de montrer de beaux bras, des jambes bien tournées dans le facile déshabillage de l'opérette. Toutes les célébrités plastiques de son théâtre étaient donc là, Amy Férat en tête, une gaillarde qui avait déjà essayé ses quenottes dans l'or de plusieurs couronnes; plus deux ou trois grimaciers fameux, dont les faces blafardes faisaient dans la verdure des quinconces les mêmes taches crayeuses et spectrales que le plâtre des statues. Tout ce monde-là, émoustillé par le voyage, la surprise du grand air, une hospitalité plantureuse, aussi l'espoir de pêcher quelque chose dans ce passage de beys, de nababs et autres porte-sequins, ne demandait qu'à s'ébaudir, rigoler et chanter avec l'entrain canaille d'une flotte de canotiers de la Seine descendus des planches en terre ferme. Mais Cardailhac ne l'entendait pas ainsi. Sitôt débarqués, débarbouillés, le premier déjeuner pris, vite les brochures et répétons! On n'avait pas de temps à perdre. Les études se faisaient dans le petit salon près de la galerie d'été, où l'on commençait déjà à construire le théâtre; et le bruit des marteaux, les ariettes des couplets de revue, les voix grêles soutenues par le crin-crin du chef d'orchestre se mêlaient aux grands coups de trompette des paons sur leurs perchoirs, s'éparpillaient dans le mistral qui, ne reconnaissant pas la crécelle enragée de ses cigales, vous secouait tout cela avec mépris sur la pointe traînante de ses ailes.

Assis au milieu du perron, comme à l'avant-scène de son théâtre, Cardailhac, en surveillant les répétitions, commandait à un peuple d'ouvriers, de jardiniers, faisait abattre les arbres qui gênaient le point de vue, dessinait la coupe des arcs triomphants, envoyait des dépêches, des estafettes aux maires, aux sous-préfets, à Arles pour avoir une députation des filles du pays en costume national, à Barbantane, où sont les plus beaux farandoleurs, à Faraman, renommé pour ses *manades* de taureaux sauvages et de chevaux camarguais; et comme le nom de Jansoulet flamboyait au bas de toutes les missives, que celui du bey de Tunis s'y ajoutait, de partout on acquiesçait avec empressement, les fils télégraphiques n'arrêtaient pas, les messagers crevaient des chevaux sur les routes, et cette espèce de petit Sardanapale de Porte-Saint-Martin qu'on appelait Cardailhac répétait toujours : « Il y a de quoi faire, » heureux de jeter l'or à la volée comme des poignées de semailles, d'avoir à brasser une mise en scène de cinquante lieues, toute cette Provence, dont ce Parisien forcené était originaire et connaissait à fond les ressources en pittoresque.

Dépossédée de ses fonctions, la vieille maman ne se montrait plus guère, s'occupait seulement de la ferme et de son malade, effarée par cette foule de visiteurs, ces domestiques insolents qu'on ne distinguait pas de leurs maîtres, ces femmes à l'air effronté et coquet, ces vieux rasés qui ressemblent à de mauvais prêtres, tous ces fous se poursuivant la nuit dans les couloirs à coups d'oreillers, d'éponges mouillées, de glands de rideaux qu'ils arrachaient pour en faire des projectiles. Le soir, elle n'avait plus son fils, il était obligé de rester avec ses invités dont le nombre augmentait à mesure qu'approchaient les fêtes ; pas même la ressource de causer de ses petits-enfants avec « Monsieur Paul » que Jansoulet, toujours bonhomme, un peu gêné par le sérieux de son ami, avait envoyé passer ces quelques jours près de ses frères. Et la soigneuse ménagère à qui l'on venait à chaque instant arracher ses clefs pour du linge, pour une chambre, de l'argenterie de renfort à donner, pensant à ses belles piles de surtouts ouvrés, au saccagement de ses dressoirs, de ses crédences, se rappelant l'état où le passage de l'ancien bey avait laissé le château, dévasté comme par un cyclone, disait dans son patois en mouillant fiévreusement le lin de sa quenouille :

« Que le feu de Dieu les brûle les beys et puis les beys ! »

Enfin il arriva le jour, ce jour fameux dont on parle encore aujourd'hui dans tout le pays de là-bas. Oh ! vers trois heures de l'après-midi, après un déjeuner somptueux présidé cette fois par la vieille mère avec une cambrésine neuve à sa coiffe, et où s'étaient assis, à côté de célébrités parisiennes, des préfets, des députés, tous en tenue, l'épée au flanc, des maires en écharpes, de bons curés rasés de frais, lorsque Jansoulet, en habit noir et cravate blanche, entouré de ses convives, sortit sur le perron et qu'il vit dans ce cadre splendide de nature pompeuse, au milieu des drapeaux, des arcs, des trophées, ce fourmillement de têtes, ce flamboiement de costumes s'étageant sur les pentes, au tournant des allées; ici, groupées en corbeilles sur une pelouse, les plus jolies filles d'Arles, dont les petites têtes mates sortaient délicatement des fichus de dentelles; au-dessous, la farandole de Barbantane, ses huit tambourins en queue, prête à partir, les mains enlacées, rubans au vent, chapeau sur l'oreille, la *taillole* rouge autour des reins; plus bas, dans la succession des terrasses, les orphéons alignés tout noirs sous leurs casquettes éclatantes, le porte-bannière en avant, grave, convaincu, les dents serrées, tenant haut sa hampe ouvragée; plus bas encore, sur un vaste rond-point transformé en cirque de combat, des taureaux noirs entravés et les gauchos camarguais sur leurs petits chevaux à longue crinière blanche, les houzeaux par-dessus les genoux, au poing le trident levé; après, encore des drapeaux, des casques, des baïonnettes, comme cela jusqu'à l'arc triomphal de l'entrée; puis, à perte de vue, de l'autre côté du Rhône, sur lequel deux compagnies du train venaient de jeter un pont de bateaux pour arriver de la gare en droite ligne à Saint-Romans, une foule immense, des villages entiers dévalant par toutes les côtes, s'entassant sur la route de Giffas dans une montée de cris et de poussière, assis au bord des fossés, grimpés sur les ormes, empilés sur les charrettes, formidable haie vivante du cortège; par là-dessus un large soleil blanc épandu dont un vent capricieux envoyait les flèches dans toutes les directions, au cuivre d'un tambourin, à la pointe d'un trident, à la frange d'une bannière, et le grand Rhône fougueux et libre emportant à la mer le tableau mouvant de cette fête royale. En face de ces merveilles, où tout l'or de ses coffres resplendissait, le Nabab eut un mouvement d'admiration et d'orgueil.

« C'est beau... » dit-il en pâlissant, et derrière lui sa mère, pâle, elle aussi, mais d'une indicible épouvante, murmura :

« C'est trop beau pour un homme... On dirait que c'est Dieu qui vient. »

Le sentiment de la vieille paysanne catholique était bien celui qu'éprouvait vaguement tout ce peuple amassé sur les routes comme pour le passage d'une Fête-Dieu gigantesque, et à qui ce prince d'Orient venant voir un enfant du pays rappelait des légendes de rois Mages, l'arrivée de Gaspard le Maure apportant au fils du charpentier la myrrhe et la couronne en tiare.

Au milieu des félicitations émues dont Jansoulet était entouré, Cardailhac, triomphant et suant, qu'on n'avait pas vu depuis le matin, apparut tout à coup :

« Quand je vous disais qu'il y avait de quoi faire !... Hein ?... Est-ce chic ?... En voilà une figuration... Je crois que nos Parisiens payeraient cher pour assister à une première comme celle-là. »

Et baissant la voix à cause de la mère qui était tout près :

« Vous avez vu nos Arlésiennes ?... Non, regardez-les mieux... la première, celle qui est en avant pour offrir le bouquet.

— Mais c'est Amy Férat.

— Parbleu ! vous sentez bien, mon cher,

que si le bey jette son mouchoir dans ce tas de belles filles, il faut qu'il y en ait une au moins pour le ramasser... Elles n'y comprendraient rien, ces innocentes !... Oh ! j'ai pensé à tout, vous verrez... C'est monté, réglé comme à la scène. Côté ferme, côté jardin. »

Ici, pour donner une idée de son organisation parfaite, le directeur leva sa canne ; aussitôt son geste répété courut du haut en bas du parc, faisant éclater à la fois tous les orphéons, toutes les fanfares, tous les tambourins unis dans le rhythme majestueux du chant populaire méridional : *Grand Soleil de la Provence*. Les voix, les cuivres montaient dans la lumière, gonflant les oriflammes, agitant la farandole qui commençait à onduler, à battre ses premiers entrechats sur place, tandis qu'à l'autre bord du fleuve une rumeur courait comme une brise, sans doute la crainte que le bey fût arrivé subitement d'un autre côté. Nouveau geste du directeur, et l'immense orchestre s'apaisa, plus lentement cette fois, avec des retards, des fusées de notes égarées dans le feuillage ; mais on ne pouvait exiger davantage d'une figuration de trois mille personnes.

A ce moment les voitures s'avançaient, les carrosses de gala qui avaient servi aux fêtes de l'ancien bey, deux grands chars rose et or à la mode de Tunis, que la mère Jansoulet avait soignés comme des reliques et qui sortaient de la remise avec leurs panneaux peints, leurs tentures et leurs crépines d'or, aussi brillants, aussi neufs qu'au premier jour. Là encore l'ingéniosité de Cardailhac s'était exercée librement, attelant aux guides blanches au lieu des chevaux un peu lourds pour ces fragilités d'aspect et de peintures, huit mules coiffées de nœuds, de pompons, de sonnailles d'argent et caparaçonnées de la tête aux pieds de ces merveilleuses sparteries dont la Provence semble avoir emprunté aux Maures et perfectionné l'art délicat. Si le bey n'était pas content, alors!

Le Nabab, Monpavon, le préfet, un des généraux montèrent pour l'aller dans le premier carrosse, les autres prirent place dans le second, dans des voitures à la suite. Les curés, les maires, tout enflammés de la bombance, coururent se mettre à la tête des orphéons de leur paroisse qui devaient aller au devant du cortège; et tout s'ébranla sur la route de Giffas.

Il faisait un temps superbe, mais chaud et lourd, en avance de trois mois sur la saison, comme il arrive souvent en ces pays impétueux où tout se hâte, où tout arrive avant l'heure. Quoiqu'il n'y eût pas un nuage visible, l'immobilité de l'atmosphère, où le vent venait de tomber subitement comme une voile qu'on abat, l'espace ébloui, chauffé à blanc, une solennité silencieuse, planant sur la nature, tout annonçait un orage en train de se former dans quelque coin de l'horizon. L'immense torpeur des choses gagnait peu à peu les êtres. On n'entendait que les sonnailles des mulets allant d'un amble assez lent, la marche rhythmée et lourde sur la poussière craquante des bandes de chanteurs que Cardailhac disposait de distance en distance, et de temps à autre, dans la double haie grouillante qui bordait le chemin au loin déroulé, un appel, des voix d'enfants, le cri d'un revendeur d'eau fraîche, accompagnement obligé de toutes les fêtes du Midi en plein air.

« Ouvrez donc votre côté, général, on étouffe, » disait Monpavon, cramoisi, craignant pour sa peinture ; et les glaces abaissées laissaient voir au bon populaire ces hauts fonctionnaires épongeant leurs faces augustes, congestionnées, angoissées par une même expression d'attente, attente du bey, de l'orage, attente de quelque chose enfin.

Encore un arc de triomphe. C'était Giffas et sa longue rue caillouteuse jonchée de palmes vertes, ses vieilles maisons sordides tapissées de fleurs et de tentures. En dehors du village, la gare, blanche et carrée, posée comme un dé au bord de la voie, vrai type de la petite gare de campagne perdue en pleines vignes, n'ayant jamais personne dans son unique salle, quelquefois une vieille à paquets, attendant dans un coin, venue trois heures d'avance.

En l'honneur du bey, la légère bâtisse avait été chamarrée de drapeaux, de trophées, ornée de tapis, de divans, et d'un splendide buffet dressé avec un en-cas et des sorbets tout prêts pour l'Altesse. Une fois là, le Nabab descendu de carrosse sentit se dissiper cette espèce de malaise inquiet que lui aussi, sans qu'il sût pourquoi, éprouvait depuis un moment. Préfets, généraux, députés, habits noirs et fracs brodés se tenaient sur le large trottoir intérieur, formant des groupes imposants, solennels, avec ces bouches en rond, ces balancés sur place, ces haut-le-corps prudhommesques d'un fonctionnaire public qui se sent regardé. Et vous pensez si l'on s'écrasait le nez dehors contre les vitres pour voir toutes ces broderies hiérarchiques, le plastron de Monpavon qui s'élargissait, montait comme un soufflé d'œufs à la neige, Cardailhac haletant, donnant ses derniers ordres, et la bonne face de Jansoulet, de leur Jansoulet, dont les yeux étincelants entre les joues bouffies et tannées semblaient deux gros clous d'or dans la gaufrure d'un cuir de Cordoue. Tout à coup des sonneries électriques. Le chef de gare tout flambant accourut sur la voie : « Messieurs, le train est signalé. Dans huit minutes, il sera ici... » Tout le monde tressaillit. Puis un même mouvement instinctif fit tirer du gousset toutes les montres... Plus que six minutes... Alors, dans le grand silence, quelqu'un dit : « Regardez donc par là. » Sur la droite, du côté par où le train allait venir, deux grands coteaux chargés de vignes formaient un entonnoir dans lequel la voie s'enfonçait, disparaissait comme engloutie. En ce moment tout ce fond était noir d'encre, obscurci par un énorme nuage, barre sombre coupant le bleu du ciel à pic, dressant des escarpements, des hauteurs de falaises en basalte sur lesquelles la lumière déferlait toute blanche avec des pâlissements de lune. Dans la solennité de la voie déserte, sur cette ligne de rails silencieuse où l'on sentait que tout, à perte vue, se rangeait pour le passage de l'Altesse, c'était effrayant cette falaise aérienne qui s'avançait, projetant son ombre devant elle avec ce jeu de la perspective qui donnait au nuage une marche lente, majestueuse, et à son ombre la rapidité d'un cheval au galop. « Quel orage tout à l'heure !... » Ce fut la pensée qui leur vint à tous ; mais ils n'eurent pas le temps de l'exprimer, car un sifflet strident retentit, et le train apparut au fond du sombre entonnoir. Vrai train royal, rapide et court, chargé de drapeaux français et tunisiens, et dont la locomotive, mugissante et fumante, un énorme bouquet de roses sur le poitrail, semblait la demoiselle d'honneur d'une noce de Léviathans.

Lancée à toute voîte, elle ralentissait sa marche en approchant. Les fonctionnaires se groupèrent, se redressant, assurant les épées, ajustant les faux-cols, tandis que Jansoulet allait au devant du train, le long de la voie, le sourire obséquieux aux lèvres et le dos arrondi déjà pour le : « Salem alek. » Le convoi continuait très lentement. Jansoulet crut qu'il s'arrêtait et mit la main sur la portière du wagon royal étincelant d'or sous le noir du ciel ; mais l'élan était trop fort sans doute, le train avançait toujours, le Nabab marchant à côté, essayant d'ouvrir cette maudite portière qui tenait ferme, et de l'autre faisant un signe de commandement à la machine. La machine n'obéissait pas. « Arrêtez donc ! » Elle n'arrêtait pas. Impatienté, il sauta sur le marchepied garni de velours et avec sa fougue un peu impudente qui plaisait tant à l'ancien bey, il cria, sa grosse tête crépue à la portière :

« Station de Saint-Romans, Altesse. »

Vous savez, cette sorte de lumière vague qu'il y a dans le rêve, cette atmosphère décolorée et vide, où tout prend un aspect de fantôme, Jansoulet en fut brusquement enveloppé, saisi, paralysé. Il voulut parler, les mots ne venaient pas; ses mains molles tenaient leur point d'appui si faiblement qu'il manqua tomber à la renverse. Qu'avait-il donc vu ? A demi couché sur un divan qui tenait le fond du salon, reposant sur le coude sa belle tête aux tons mats, à la longue barbe soyeuse et noire, le bey, boutonné haut dans sa redingote orientale, sans autres ornements que le large cordon de la Légion d'honneur en travers sur sa poitrine et l'aigrette en diamant de son bonnet, s'éventait, impassible, avec un petit drapeau de sparterie brodée d'or. Deux aides de camp se tenaient debout près de lui ainsi qu'un ingénieur de la compagnie. En face, sur un autre divan, dans une attitude respectueuse, mais favorisée, puisqu'ils étaient les seuls assis devant le bey, jaunes tous deux, leurs grands favoris tombant sur la cravate blanche, deux hiboux, l'un gras et l'autre maigre... C'était Hemerlingue père et fils, ayant reconquis l'Altesse et l'emmenant en triomphe à Paris... L'horrible rêve ! Tous ces gens-là, qui connaissaient bien Jansoulet pourtant, le regardaient froidement comme si son visage ne leur rappelait rien... Blême à faire pitié, la sueur au front, il bégaya : « Mais, Altesse, vous ne descendez... » Un éclair livide en coup de sabre suivi d'un éclat de tonnerre épouvantable lui coupa la parole. Mais l'éclair qui brilla dans les yeux du souverain lui parut autrement terrible. Dressé, le bras tendu, d'une voix un peu gutturale habituée à rouler les dures syllabes arabes, mais dans un français très pur, le bey le foudroya de ces paroles lentes et préparées :

« Rentre chez toi, Mercanti. Le pied va où le cœur le mène, le mien n'ira jamais chez l'homme qui a volé mon pays. »

Jansoulet voulut dire un mot. Le bey fit un signe : « Allez ! » Et l'ingénieur ayant poussé un timbre électrique auquel un coup de sifflet répondit, le train, qui n'avait cessé de se mouvoir très lentement, tendit et fit craquer ses muscles de fer, et prit l'élan à toute vapeur, agitant ses drapeaux au vent d'orage dans des tourbillons de fumée noire et d'éclairs sinistres.

Lui, debout sur la voie, chancelant, ivre, perdu, regardait fuir et disparaître sa fortune, insensible aux larges gouttes de pluie qui commençaient à tomber sur sa tête nue. Puis, quand les autres s'élançant vers lui l'entourèrent, le pressèrent de questions : « Le bey ne s'arrête donc pas ? » Il balbutia quelques paroles sans suite : « Intrigues de cour... Machination infâme... » Et tout à coup, montrant le poing au train disparu, du sang plein les yeux, une écume de colère aux lèvres, il cria dans un rugissement de bête fauve :

« Canailles !...

— De la tenue, Jansoulet, de la tenue... »

Vous devinez qui avait dit cela, et qui, — son bras passé sous celui du Nabab — tâchait

de le redresser, de lui cambrer la poitrine à
l'égal de la sienne, le conduisait aux carrosses
au milieu de la stupeur des habits brodés, et
l'y faisait monter, anéanti, stupéfié, comme un
parent de défunt qu'on hisse dans une voiture
de deuil après la lugubre cérémonie. La pluie
commençait à tomber, les coups de tonnerre
se succédaient. On s'entassa dans les voitures
qui reprirent vite le chemin du retour. Alors il
se passa une chose navrante et comique, une
de ces farces cruelles du lâche destin accablant
ses victimes à terre. Dans le jour qui tombait,
l'obscurité croissante de la trombe, la foule
pressée aux abords de la gare crut distinguer
une Altesse parmi tant de chamarrures et, sitôt
que les roues s'ébranlèrent, une clameur immense, une épouvantable braillée qui couvait
depuis une heure dans toutes ces poitrines
éclata, monta, roula, rebondit de côte en côte,
se prolongea dans la vallée : « Vive le bey ! »
Averties par ce signal, les premières fanfares
attaquèrent, les orphéons partirent à leur
tour, et le bruit gagnant de proche en proche,
de Giffas à Saint-Romans la route ne fut plus
qu'une houle, un hurlement interrompu. Cardailhac, tous ces messieurs, Jansoulet lui-même
avaient beau se pencher aux portières, faire
des signes désespérés : « Assez !... assez ! »
leurs gestes se perdaient dans le tumulte,
dans la nuit ; ce qu'on en voyait semblait un

excitant à crier davantage. Et je vous jure qu'il n'en était nul besoin. Tous ces Méridionaux, dont on chauffait l'enthousiasme depuis le matin, exaltés encore par l'énervement de la longue attente et de l'orage, donnaient tout ce qu'ils avaient de voix, d'haleine, de brillant enthousiasme, mêlant à l'hymne de la Provence ce cri toujours répété qui le coupait comme un refrain : « Vive le bey !... » La plupart ne savaient pas du tout ce que c'était qu'un bey, ne se le figuraient même pas, accentuant d'une façon extraordinaire cette appellation étrange comme si elle avait eu trois *b* et dix *y*. Mais c'est égal, ils se montaient avec cela, levaient les mains, agitaient leurs chapeaux, s'émotionnaient de leur propre mimique. Des femmes attendries s'essuyaient les yeux ; subitement, du haut d'un orme, des cris suraigus d'enfant partaient : « Mama, mama, lou vésé... Maman, maman, je le vois. » Il le voyait !... Tous le voyaient, du reste : à l'heure qu'il est, tous vous jureraient qu'ils l'ont vu.

Devant un pareil délire, dans l'impossibilité d'imposer le silence et le calme à cette foule, les gens des carrosses n'avaient qu'un parti à prendre : laisser faire, lever les glaces et brûler le pavé pour abréger ce dur martyre. Alors ce fut terrible. En voyant le cortège courir, toute la route se mit à galoper avec lui. Au ronflement sourd de leurs tambourins, les farandoleurs de Barbantane, la main dans la main, bondissaient, allant, venant, — guirlande humaine — autour des portières. Les orphéons, essoufflés de chanter au pas de course, mais hurlant tout de même, entraînaient leurs porte-bannières, la bannière jetée sur l'épaule ; et les bons gros curés rougeauds, anhélants, poussant devant eux leurs vastes bedaines surmenées, trouvaient encore la force de crier dans l'oreille des mules, d'une voix sympathique et pleine d'effusion : « Vive notre bon bey !... » La pluie sur tout cela, la pluie tombant par écuelles, en paquets, déteignant les carrosses roses, précipitant encore la bousculade, achevant de donner à ce retour triomphal l'aspect d'une déroute, mais d'une déroute comique, mêlée de chants, de rires, de blasphèmes, d'embrassades furieuses et de jurements infernaux, quelque chose comme une rentrée de procession sous l'orage, les soutanes retroussées, les surplis sur la tête, le bon Dieu remisé à la hâte sous un porche.

Un roulement sourd et mou annonça au pauvre Nabab immobile et silencieux dans un coin de son carrosse qu'on passait le pont de bateaux. On arrivait.

« Enfin ! » dit-il, regardant par les vitres brouillées les flots écumeux du Rhône dont la tempête lui semblait un repos après celle qu'il venait de traverser. Mais au bout du pont, quand la première voiture atteignit l'arc de triomphe, des pétards éclatèrent, les tambours battirent aux champs, saluant l'entrée du monarque sur les terres de son féal, et pour comble d'ironie, dans le crépuscule, tout en haut du château, une flambée de gaz gigantesque illumina soudain le toit de lettres de feu sur lesquelles la pluie, le vent faisaient courir de grandes ombres mais qui montraient encore très lisiblement : « Viv" L" B"Y M""HMED. »

« Ça, c'est le bouquet, » fit le malheureux Nabab qui ne put s'empêcher de rire, d'un rire bien piteux, bien amer. Mais non, il se trompait. Le bouquet l'attendait à la porte du château ; et c'est Amy Férat qui vint le lui présenter, sortie du groupe des Arlésiennes qui abritaient sous la marquise la soie changeante de leurs jupes et les velours ouvrés des coiffes, en attendant le premier carrosse. Son paquet de fleurs à la main, modeste, les yeux baissés et le mollet fripon, la jolie comédienne s'élança à la portière dans une pose saluante, presque agenouillée, qu'elle répétait depuis huit jours. Au lieu du bey, Jansoulet descendit, raide, ému, passa sans seulement la voir. Et comme elle restait là, son bouquet à la main, avec l'air bête d'une féerie râtée :

« Remporte tes fleurs, ma petite, ton affaire est manquée, lui dit Cardailhac avec sa blague de Parisien qui prend vite son parti des choses... Le bey ne vient pas... il avait oublié son mouchoir, et comme c'est de ça qu'il se sert pour parler aux dames, tu comprends... »

Maintenant, c'est la nuit. Tout dort dans Saint-Romans, après l'immense brouhaha de la journée. Une pluie torrentielle continue à tomber, et dans le grand parc où les arcs de triomphe, les trophées dressent vaguement leurs carcasses détrempées, on entend rouler des torrents le long des rampes de pierre transformées en cascades. Tout ruisselle et s'égoutte. Un bruit d'eau, un immense bruit d'eau. Seul dans sa chambre somptueuse au lit seigneurial tendu de lampas à bandes pourpres, le Nabab veille encore, marche à grands pas, remuant des pensées sinistres. Ce n'est plus son affront de tantôt qui le préoccupe, cet outrage public à la face de trente mille personnes; ce n'est pas non plus l'injure sanglante que le bey lui a adressée en présence de ses mortels ennemis. Non, ce Méridional aux sensations toutes physiques, rapides comme le tir des nouvelles armes, a déjà rejeté loin de lui tout le venin de sa rancune. Et puis, les favoris des cours, par des exemples fameux, sont toujours préparés à ces éclatantes disgrâces. Ce qui épouvante c'est ce qu'il devine derrière cet affront. Il pense que tous ses biens sont là-bas, maisons, comptoirs, navires, à la merci du bey, dans cet Orient sans lois, pays du bon plaisir. Et, collant son front brûlant aux vitres ruisselantes, la sueur au dos, les mains froides, il reste à regarder vaguement dans la nuit aussi obscure, aussi fermée que son propre destin.

Soudain un bruit de pas, des coups précipités à la porte.

« Qui est là ?

— Monsieur, dit Noël entrant à demi-vêtu, une dépêche très urgente qu'on envoie du télégraphe par estafette.

— Une dépêche !... Qu'y a-t-il encore ?... »

Il prend le pli bleu et l'ouvre en tremblant. Le dieu, atteint déjà deux fois, recommence à se sentir vulnérable, à perdre son assurance ; il connaît les peurs, les faiblesses nerveuses des autres hommes... Vite à la signature... *Mora*... Est-ce possible ?... Le duc, le duc, à lui !... Oui, c'est bien cela... M...o...r...a...

Et au-dessus :

Popolasca est mort. Élections prochaines en Corse. Vous êtes candidat officiel.

Député !... C'était le salut. Avec cela rien à craindre. On ne traite pas un représentant de la grande nation française comme un simple mercanti... Enfoncés les Hemerlingue...

« O mon duc, mon noble duc ! »

Il était si ému qu'il ne pouvait signer. Et tout à coup :

« Où est l'homme qui a porté cette dépêche ?

— Ici, monsieur Jansoulet, » répondit dans le corridor une bonne voix méridionale et familière.

Il avait de la chance, le piéton.

« Entre, dit le Nabab. »

Et, lui rendant son reçu, il prit à tas, dans ses poches toujours pleines, autant de pièces d'or que ses deux mains pouvaient en tenir et les jeta dans la casquette du pauvre diable bégayant, éperdu, ébloui de la fortune qui lui tombait en surprise dans la nuit de ce palais féerique.

XII

UNE ÉLECTION CORSE

Pozzonegro, par Sartène.

Je puis enfin vous donner de mes nouvelles, mon cher monsieur Joyeuse. Depuis cinq jours que nous sommes en Corse, nous avons tant couru, tant parlé, si souvent changé de voitures, de montures, tantôt à mulet, tantôt à âne, ou même à dos d'homme pour traverser les torrents, tant écrit de lettres, apostillé de demandes, visité d'écoles, donné de chasubles, de nappes d'autel, relevé de clochers branlants et fondé de salles d'asiles, tant inauguré, porté de toasts, absorbé de harangues, de vin de

Talano et de fromage blanc, que je n'ai pas trouvé le temps d'envoyer un bonjour affectueux au petit cercle de famille autour de la grande table où je manque voilà deux semaines. Heureusement que mon absence ne sera plus bien longue, car nous comptons partir après-demain et rentrer à Paris d'un trait. Au point de vue de l'élection, je crois que notre voyage a réussi. La Corse est un admirable pays, indolent et pauvre, mélangé de misères et de fiertés qui font conserver aux familles nobles ou bourgeoises une certaine apparence aisée au prix même des plus douloureuses privations. On parle ici très sérieusement de la fortune de Popolasca, ce député besoigneux à qui la mort a volé les cent mille francs que devait lui rapporter sa démission en faveur du Nabab. Tous ces gens-là ont, en outre, une rage de places, une fureur administrative, le besoin de porter un uniforme quelconque et une casquette plate sur laquelle on puisse écrire : « employé du gouvernement. » Vous donneriez à choisir à un paysan Corse entre la plus riche ferme en Beauce et le plus humble baudrier de garde champêtre, il n'hésiterait pas et prendrait le baudrier. Dans ces conditions-là, vous pensez si un candidat disposant d'une fortune personnelle et des faveurs du gouvernement a des chances pour être élu. Aussi M. Jansoulet le sera-t-il, surtout s'il réussit dans la démarche qu'il fait en ce moment et qui nous a amenés ici à l'unique auberge d'un petit pays appelé Pozzonegro (puits noir), un vrai puits tout noir de verdure, cinquante maisonnettes en pierre rouge serrées autour d'un long clocher à l'italienne, au fond d'un ravin entouré de côtes rigides, de rochers de grès coloré qu'escaladent d'immenses forêts de mélèzes et de genévriers. Par ma fenêtre ouverte, devant laquelle j'écris, je vois là-haut un morceau de bleu, l'orifice du puits noir; en bas, sur la petite place qu'ombrage un vaste noyer, comme si l'ombre n'était pas déjà assez épaisse, deux bergers vêtus de peaux de bêtes en train de jouer aux cartes, accoudés à la pierre d'une fontaine. Le jeu, c'est la maladie de ce pays de paresse, où l'on fait faire la moisson par les Lucquois. Les deux pauvres diables que j'ai là devant moi ne trouveraient pas un liard au fond de leur poche; l'un joue son couteau, l'autre un fromage enveloppé de feuilles de vigne, les deux enjeux posés à côté d'eux sur le banc. Un petit curé fume son cigare en les regardant et semble prendre le plus vif intérêt à leur partie.

« Et c'est tout, pas un bruit alentour, excepté les gouttes d'eau s'espaçant sur la pierre, l'exclamation d'un des joueurs qui jure par le *sangue del seminario*, et au-dessous de ma chambre, dans la salle du cabaret, la voix chaude de notre ami, mêlée aux bredouillements de l'illustre Paganetti, qui lui sert d'interprète dans sa conversation avec le non moins illustre Piedigriggio.

« M. Piedigriggio (Pied gris) est une célébrité locale. C'est un grand vieux de soixante et quinze ans, encore très droit dans son petit caban où tombe sa longue barbe blanche, un bonnet catalan en laine brune sur ses cheveux blancs aussi, à la ceinture une paire de ciseaux, dont il se sert pour couper son tabac vert, en grandes feuilles, dans le creux de sa main ; l'air vénérable, en somme, et quand il a traversé la place, serrant la main au curé, avec un sourire de protection aux deux joueurs, je n'aurais jamais cru voir ce fameux bandit Piedigriggio, qui, de 1840 à 1860, *a tenu le maquis* dans le Monte-Rotondo, mis sur les dents la ligne et la gendarmerie, et qui, aujourd'hui, grâce à la prescription dont il bénéficie, après sept ou huit meurtres à coups de fusil et de couteau, circule tranquillement dans le pays témoin de ses crimes, et jouit d'une importance considérable. Voici pourquoi : Piedigriggio a deux fils, qui, marchant noblement sur ses traces, ont joué de l'escopette et tiennent le maquis à leur tour. Introuvables, insaisissables comme leur père l'a été pendant vingt ans, prévenus par les bergers des mouvements de la gendarmerie, dès que celle-ci quitte un village, les bandits y font leur apparition. L'aîné,

Scipion, est venu dimanche dernier entendre la messe à Pozzonegro. Dire qu'on les aime, et que la poignée de main sanglante de ces misérables est agréable à tous ceux qui la reçoivent, ce serait calomnier les pacifiques habitants de cette commune; mais on les craint et leur volonté fait loi.

« Or, voilà que les Piedigriggio se sont mis dans l'idée de protéger notre concurrent aux élections, protection redoutable, qui peut faire voter deux cantons entiers contre nous, car les coquins ont les jambes aussi longues, à proportion, que la portée de leurs fusils. Nous avons naturellement les gendarmes pour nous, mais les bandits sont bien plus puissants. Comme nous disait notre aubergiste, ce matin : « Les gendarmes, ils s'en vont, *ma* les *banditti*, ils restent. » Devant ce raisonnement si logique, nous avons compris qu'il n'y avait qu'une chose à faire, traiter avec les Pieds-Gris, passer un forfait. Le maire en a dit deux mots au vieux, qui a consulté ses fils, et ce sont les conditions du traité que l'on discute en bas. D'ici, j'entends la voix du gouverneur : « Allons, mon cher camarade, tu sais, je suis un vieux Corse, moi... » Et puis les réponses tranquilles de l'autre, hachées en même temps que son tabac par le bruit agaçant des grands ciseaux. Le cher camarade ne m'a pas l'air d'avoir confiance; et, tant que les écus n'auront pas sonné sur la table, je crois bien que l'affaire n'avancera pas.

« C'est que le Paganetti est connu dans son pays natal. Ce que vaut sa parole est écrit sur la place de Corte, qui attend toujours le monument de Paoli, dans les vastes champs de carottes qu'il a trouvé moyen de planter sur cette île d'Ithaque, au sol dur, dans les porte-monnaie flasques et vides de tous ces malheureux curés de village, petits bourgeois, petits nobles, dont il a croqué les maigres épargnes en faisant luire à leurs yeux de chimériques *combinazione*. Vraiment, pour qu'il ait osé reparaître ici, il faut son aplomb phénoménal et aussi les ressources dont il dispose maintenant pour couper court aux réclamations.

« En définitive, qu'y a-t-il de vrai dans ces fabuleux travaux, entrepris par la *Caisse territoriale ?*

« Rien.

« Des mines qui n'affleurent pas, qui n'affleureront jamais, puisqu'elles n'existent que sur le papier; des carrières, qui ne connaissent encore ni le pic ni la poudre, des landes incultes et sablonneuses, qu'on arpente d'un geste en vous disant : « Nous commençons là... et nous allons jusque là-bas, au diable. » De même pour les forêts, tout un côté boisé du Monte-Rotondo, qui nous appartient, paraît-il, mais où les coupes sont impraticables, à moins que des aéronautes y fassent l'office de bûcherons. De même pour les stations balnéaires, parmi lesquelles ce misérable hameau de Pozzonegro est une des plus importantes, avec sa fontaine dont Paganetti célèbre les étonnantes propriétés ferrugineuses. De paquebots, pas l'ombre. Si, une vieille tour génoise, à demi ruinée, au bord du golfe d'Ajaccio, portant au-dessus de l'entrée hermétiquement close cette inscription sur un panonceau dédoré : « Agence Paganetti. Compagnie maritime. Bureau de renseignements. » Ce sont de gros lézards gris qui tiennent le bureau, en compagnie d'une chouette. Quant aux chemins de fer, je voyais tous ces braves Corses auxquels j'en parlais sourire d'un air malin, répondre par des clignements d'yeux, des demi-mots, pleins de mystère ; et c'est seulement ce matin que j'ai eu l'explication excessivement bouffonne de toutes ces réticences.

« J'avais lu dans les paperasses que le gouverneur agite de temps en temps sous nos yeux, comme un éventail à gonfler ses blagues, l'acte de vente d'une carrière de marbre au lieu dit « de Taverna » à deux heures de Pozzonegro. Profitant de notre passage ici, ce matin, sans rien dire à personne, j'enfourchai une mule, et guidé par un grand drôle, aux jambes de cerf, vrai type de braconnier ou de contrebandier corse, sa grosse pipe rouge aux dents, son fusil en bandoulière, je me rendis à Taverna. Après une marche épouvantable à travers des roches crevassées, des fondrières, des abîmes d'une profondeur insondable, dont ma mule s'amusait malicieusement à suivre le bord, comme si elle le découpait avec ses sabots, nous sommes arrivés par une descente presque à pic au but de notre voyage, un vaste désert de rochers, absolument nus, tout blancs de fientes de goëlands et de mouettes; car la mer est au bas, très proche, et le silence du lieu rompu seulement par l'afflux des vagues et les cris suraigus de bandes d'oiseaux volant en rond. Mon guide, qui a la sainte horreur des douaniers et des gendarmes, resta en haut sur la falaise, à cause d'un petit poste de douane en guetteur au bord du rivage; et moi je me dirigeai vers une grande bâtisse rouge qui dressait dans cette solitude brûlante ses trois étages aux vitres brisées, aux tuiles en déroute, avec un immense écriteau sur la porte vermoulue : « *Caisse territoriale Carr... bre...* 54. » La tramontane, le soleil, la pluie, ont mangé le reste.

« Il y a eu là certainement un commencement d'exploitation, puisqu'un large trou carré, béant, taillé à l'emporte-pièce, s'ouvre dans le sol, montrant, comme des taches de lèpre le long de ses murailles effritées, des plaques rouges veinées de brun, et tout au fond, dans les ronces, d'énormes blocs de ce marbre qu'on appelle dans le commerce de la *griotte*, blocs condamnés, dont on n'a pu tirer parti, faute d'une grande route aboutissant à la carrière ou d'un port qui rendît la côte abordable à des bateaux de chargement, faute surtout de subsides assez considérables pour l'un et l'autre de ces deux projets. Aussi la carrière reste-t-elle abandonnée, à quelques encâblures du rivage, encombrante et inutile comme le canot de Robinson avec les mêmes vices d'installation. Ces détails sur l'histoire navrante de notre unique richesse territoriale m'ont été fournis par un malheureux surveillant, tout grelottant de fièvre, que j'ai trouvé dans la salle basse de la maison jaune essayant de faire rôtir un morceau de chevreau sur l'âcre fumée d'un buisson de lentisques.

« Cet homme, qui compose à lui seul le personnel de la *Caisse territoriale* en Corse, est le père nourricier de Paganetti, un ancien gardien de phare à qui la solitude ne pèse pas. Le gouverneur le laisse un peu par charité et aussi parce que de temps à autre des lettres datées de la carrière de Taverna font bon effet aux réunions d'actionnaires. J'ai eu beaucoup de mal à arracher quelques renseignements de cet être aux trois quarts sauvage qui me regardait avec méfiance, embusqué derrière les poils de chèvre de son *pelone*; il m'a pourtant appris sans le vouloir ce que les Corses entendent par ce mot chemin de fer et pourquoi ils prennent ces airs mystérieux pour en parler. Comme j'essayais de savoir s'il avait connaissance d'un projet de route ferrée dans le pays, le vieux, lui, n'a pas eu le sourire malicieux de ses compatriotes, mais bien naturellement, de sa voix rouillée et gourde comme une ancienne serrure dont on ne se sert pas souvent, il m'a dit en assez bon français :

« — Oh ! moussiou, pas besoin de chemin de *ferré* ici...

« — C'est pourtant bien précieux, bien utile pour faciliter les communications...

« — Je ne vous dis pas *au* contraire ; mais avec les gendarmes, ça souffit chez nous...

« — Les gendarmes ?...

« — Mais sans doute.

« Le quiproquo dura bien cinq minutes, au bout desquelles je finis par comprendre que le service de la police secrète s'appelle ici : « les chemins de fer. » Comme il y a beaucoup de Corses policiers sur le continent, c'est un euphémisme honnête dont on se sert, dans leurs familles, pour désigner l'ignoble métier qu'ils font. Vous demandez aux parents : « Où est votre frère Ambrosini ? Que fait votre oncle Barbicaglia ? » Ils vous répondent avec un petit clignement d'œil : « Il a un emploi dans les chemins de *ferré*... » et tout le monde sait ce que cela veut dire. Dans le peuple, chez les paysans qui n'ont jamais vu de chemin de fer et ne se doutent pas de ce que c'est, on croit très sérieusement que la grande administration occulte de la police impériale n'as pas d'autre appellation que celle-là. Notre agent principal dans le pays partage cette naïveté touchante; c'est vous dire l'état de la « *Ligne d'Ajaccio à Bastia, en passant par Bonifacio, Porto Vecchio,* etc., » ainsi qu'il est écrit sur les grands livres à dos vert de la maison Paganetti. En définitive, tout l'avoir de la banque territoriale se résume en quelques écriteaux, deux antiques masures, le tout à peine bon pour figurer dans le chantier de démolition de la rue Saint-Ferdinand, dont j'entends tous les soirs en m'endormant les girouettes grincer, les vieilles portes battre sur le vide...

« Mais alors où sont allées, où s'en vont encore les sommes énormes que M. Jansoulet a versées depuis cinq mois, sans compter ce qui est venu du dehors attiré par ce nom magique? Je pensais bien comme vous que tous ces sondages, forages, achats de terrain, que portent les livres en belle ronde, étaient démesurément grossis. Mais comment soupçonner une pareille impudence? Voilà pourquoi M. le gouverneur répugnait tant à l'idée de m'emmener dans ce voyage électoral... Je n'ai pas voulu avoir d'explication immédiate. Mon pauvre Nabab a bien assez de son élection. Seulement, sitôt rentrés, je lui mettrai sous les yeux tous les détails de ma longue enquête, et, de gré ou de force, je le tirerai de ce repaire. Ils ont fini au-dessous. Le vieux Piedigriggio traverse la place en faisant glisser le coulant de sa longue bourse de paysan qui m'a l'air d'être bien remplie. Marché conclu, je suppose. Adieu vite, mon cher monsieur Joyeuse; rappelez-moi à ces demoiselles, et qu'on me garde une toute petite place autour de la table à ouvrage.

« PAUL DE GÉRY. »

Le tourbillon électoral dont ils avaient été enveloppés en Corse passa la mer derrière eux comme un coup de sirocco, les suivit à Paris, fit courir son vent de folie dans l'appartement de la place Vendôme envahi du matin au soir par l'élément habituel augmenté d'un arrivage constant de petits hommes bruns comme des caroubes, aux têtes régulières et barbues, les uns turbulents, bredouillants et bavards dans le genre de Paganetti, les autres, silencieux, contenus et dogmatiques; les deux types de la race où le climat pareil produit des effets différents. Tous ces insulaires affamés, du fond de leur patrie sauvage se donnaient rendez-vous à la table du Nabab, dont la maison était devenue une auberge, un restaurant, un marché.

Dans la salle à manger, où le couvert restait mis à demeure, il y avait toujours un Corse frais débarqué en train de casser une croûte, avec la physionomie égarée et goulue d'un parent de campagne.

La race hâbleuse et bruyante des agents électoraux est la même partout ; ceux-là pourtant se distinguaient par quelque chose de plus ardent, un zèle plus passionné, une vanité dindonnière, chauffée à blanc. Le plus petit greffier, vérificateur, secrétaire de mairie, instituteur de village, parlait comme s'il eût eu derrière lui tout un canton, des bulletins de vote plein les poches de sa redingote râpée. Et le fait est que dans les communes corses, Jansoulet avait pu s'en rendre compte, les familles sont si anciennes, parties de si peu, avec tant de ramifications, que tel pauvre diable qui casse des cailloux sur les routes trouve moyen de raccrocher sa parenté aux plus grands personnages de l'île et dispose par là d'une sérieuse influence. Le tempérament national, orgueilleux, sournois, intrigant, vindicatif, venant encore aggraver ces complications, il s'ensuit qu'il faut bien prendre garde où l'on pose le pied dans ces traquenards de fils tendus de l'extrémité d'un peuple à l'autre...

Le terrible, c'est que tous ces gens-là se jalousaient, se détestaient, se querellaient en pleine table à propos de l'élection, croyant des regards noirs, serrant le manche de leurs couteaux à la moindre contestation, parlant très fort tous à la fois, les uns dans le patois génois sonore et dur, les autres dans le français le plus comique, s'étranglant avec des injures rentrées, se jetant à la tête des noms de bourgades inconnues, des dates d'histoires locales qui mettaient tout à coup entre deux couverts deux siècles de haines familiales. Le Nabab avait peur de voir ses déjeuners se terminer tragiquement et tâchait d'apaiser toutes ces violences avec la conciliation de son bon sourire. Mais Paganetti le rassurait. Selon lui, la vendetta, toujours vivante en Corse, n'emploie plus que très rarement et dans les basses classes le stylet et l'escopette. C'est la lettre anonyme qui les remplace. Tous les jours, en effet, on recevait place Vendôme des lettres sans signature dans le genre de celle-ci :

« Monsieur Jansoulet, vous êtes si généreux que je ne peux pas faire à moins de vous signaler le sieur Bornalinco (Ange-Marie), comme un traître gagné aux ennemis de vous ; j'en dirai tout différentement de son cousin Bornalinco (Louis-Thomas), dévoué à la bonne cause, etc. »

Ou encore :

« Monsieur Jansoulet, je crains que votre élection n'aboutirait à rien et serait mal fondée pour réussir, si vous continueriez d'employer le nommé Castirla (Josué), du canton d'Omessa, tandis que son parent Luciani, c'est l'homme qu'il vous faut... »

Quoiqu'il eût fini par ne plus lire aucune de ces missives, le pauvre candidat subissait l'ébranlement de tous ces doutes, de toutes ces passions, pris dans un engrenage d'intrigues menues, plein de terreurs, de méfiances, anxieux, fiévreux, les nerfs malades, sentant bien la vérité du proverbe corse : « Si tu veux grand mal à ton ennemi, souhaite-lui une élection dans sa famille. »

On se figure que le livre des chèques et les trois grands tiroirs de la commode en acajou n'étaient pas épargnés par cette trombe de sauterelles dévorantes abattues sur les salons de « Moussiou Jansoulet. » Rien de plus comique que la façon hautaine dont ces braves insulaires opéraient leurs emprunts, brusquement et d'un air de défi. Pourtant ce n'étaient pas eux les plus terribles, excepté pour les boîtes de cigares, qui s'engloutissaient dans leurs poches, à croire qu'ils voulaient tous ouvrir quelque « Civette » en rentrant au pays. Mais de même qu'aux époques de grande chaleur les plaies rougissent et s'enveniment, l'élection avait donné une recrudescence étonnante à la pillerie installée dans la maison. C'étaient des frais de publicité considérables, les articles de Moëssard expédiés en Corse par ballots de vingt mille, de trente mille exemplaires, avec des portraits, des biographies, des brochures, tout le bruit imprimé qu'il est possible de faire autour d'un nom... Et puis toujours le train habituel des pompes aspirantes établies devant le grand réservoir à millions. Ici l'OEuvre de Bethléem, machine puissante, procédant par coups espacés, pleins d'élans... La *Caisse territoriale*, aspirateur merveilleux, infatigable, à triple et quadruple corps de pompe, de la force de plusieurs milliers de chevaux; et la pompe Schwalbach, et la pompe Bois-l'Héry, et combien d'autres encore, celles-là énormes, bruyantes, les pistons effrontés, ou bien sourdes, discrètes, aux clapets savamment huilés, aux soupapes minuscules, pompes-bijoux, aussi ténues que ces trompes d'insectes dont la soif fait des piqûres et qui déposent du venin à l'endroit où elles puisent leur vie, mais toutes fonctionnant avec un même ensemble, et devant fatalement amener, sinon une sécheresse complète, du moins une baisse sérieuse de niveau.

Déjà de mauvais bruits encore vagues, avaient circulé à la Bourse? Était-ce une manœuvre de l'ennemi, de cet Hemerlingue auquel Jansoulet faisait une guerre d'argent acharnée, essayant de contrecarrer toutes ses opérations financières, et perdant à ce jeu de très fortes sommes, parce qu'il avait contre lui sa propre fureur, le sang-froid de son adversaire et les maladresses de Paganetti qui lui servait d'homme de paille? En tout cas, l'étoile d'or avait pâli. Paul de Géry savait cela par le père Joyeuse entré comme comptable chez un agent de change et très au fait des choses de la Bourse ; mais ce qui l'effrayait surtout, c'était l'agitation singulière du Nabab, ce besoin de s'étourdir succédant à son beau calme de force, de sérénité, et la perte de sa sobriété méridionale, la façon dont il s'excitait avant le repas à grands coups de *raki*, parlant haut, riant fort, comme un gros matelot en bordée. On sentait l'homme qui se surmène pour échapper à une préoccupation visible cependant dans la contraction subite de tous les muscles de son visage au passage de la pensée importune, ou quand il feuilletait fiévreusement son petit carnet dédoré. Ce sérieux entretien, cette explication décisive que Paul désirait tant avoir avec lui, Jansoulet n'en voulait à aucun prix. Il passait ses nuits au cercle, ses matinées au lit, et dès son réveil avait sa chambre remplie de monde, des gens qui lui parlaient pendant qu'il s'habillait, auxquels il répondait le nez dans sa cuvette. Quand par miracle de Géry le saisissait une seconde, il fuyait, lui coupait la parole par un : « Pas maintenant, je vous en prie... » A la fin le jeune homme eut recours aux moyens héroïques.

Un matin, vers cinq heures, Jansoulet, en revenant du cercle, trouva sur sa table, près de son lit, une petite lettre qu'il prit d'abord pour une de ces dénonciations anonymes qu'il recevait à la journée. C'était bien une dénonciation, en effet, mais signée, à visage ouvert, respirant la loyauté et la jeunesse sérieuse de celui qui l'avait écrite. De Géry lui signalait très nettement toutes les infamies, toutes les exploitations dont il était entouré. Sans détour, il désignait les coquins par leur nom. Pas un qui ne lui fût suspect parmi les commensaux ordinaires, pas un qui vînt pour autre chose que pour voler ou mentir. Du haut en bas de la maison, pillage et gaspillage. Les chevaux du Bois-l'Héry étaient tarés, la galerie Schwalbach, une duperie, les articles de Moëssard, un chantage reconnu. De ces abus effrontés, Géry avait fait un mémoire détaillé, avec preuves à l'appui ; mais c'était le dossier de la *Caisse territoriale* qu'il recommandait spécialement à Jansoulet, comme le vrai danger de la situation. Dans les autres affaires, l'argent seul courait des risques ; ici, l'honneur était en jeu. Attirés par le nom du Nabab, son titre de président du conseil, dans cet infâme guet-apens, des centaines d'actionnaires étaient venus, chercheurs d'or à la suite de ce mineur heureux. Cela lui créait une responsabilité effroyable, dont il se rendrait compte en lisant le dossier de l'affaire, qui n'était que mensonge et flouerie d'un bout à l'autre.

« Vous trouverez le mémoire dont je vous parle, disait Paul de Géry en terminant sa lettre, dans le premier tiroir de mon bureau. Diverses quittances y sont jointes. Je n'ai pas mis cela dans votre chambre, parce que je me méfie de Noël comme des autres. Ce soir, en partant, je vous remettrai la clef. Car, je m'en vais, mon cher bienfaiteur et ami, je m'en vais, plein de reconnaissance pour le bien que vous m'avez fait, et désolé que votre confiance aveugle m'ait empêché de vous le rendre en partie. A l'heure qu'il est, ma conscience d'honnête homme me reprocherait de rester plus longtemps inutile à mon poste. J'assiste à un désastre, au sac d'un Palais d'Été contre lesquels je ne puis rien ; mais mon cœur se soulève à tout ce que je vois. Je donne des poignées de main qui me déshonorent. Je suis votre ami et je parais leur complice. Et qui sait si, à force de vivre dans une pareille atmosphère, je ne le serais pas devenu ? »

Cette lettre, qu'il lut lentement, profondément, jusque dans le blanc des lignes et l'écart des mots, fit au Nabab une impression si vive, qu'au lieu de se coucher, il se rendit tout de suite auprès de son jeune secrétaire. Celui-ci occupait tout au bout des salons un cabinet de travail dans lequel on lui faisait son lit sur un divan, installation provisoire qu'il n'avait jamais voulu changer. Toute la maison dormait encore. En traversant les grands salons en enfilade, qui, ne servant pas à des réceptions du soir, gardaient constamment leurs rideaux ouverts, et s'éclairaient à cette heure des lueurs vagues d'une aube parisienne, le Nabab s'arrêta, frappé par l'aspect de souillure triste que son luxe lui présentait. Dans l'odeur lourde de tabac et de liqueurs diverses qui flottait, les meubles, les plafonds, les boiseries apparaissaient, déjà fanés et encore neufs. Des taches sur les satins fripés, des cendres ternissant les beaux marbres, des bottes marquées sur les tapis faisaient songer à un immense wagon de première classe, où s'incrustent toutes les paresses, les impatiences et l'ennui d'un long voyage, avec le dédain gâcheur du public pour un luxe qu'il a payé. Au milieu de ce décor tout posé, encore chaud de l'atroce comédie qui se jouait là chaque jour, sa propre image reflétée dans vingt glaces, froides et blêmes, se dressait devant lui, sinistre et comique à la fois, dépaysée dans son vêtement d'élégance, les yeux bouffis, la face enflammée et boueuse.

Quel lendemain visible et désenchantant à l'existence folle qu'il menait!

Il s'abîma un moment dans de sombres pensées; puis il eut ce coup d'épaules vigoureux qui lui était familier, ce mouvement de porte-balles par lequel il se débarrassait des préoccupations trop cruelles, remettait en place ce fardeau que tout homme emporte avec lui, qui lui courbe le dos, plus ou moins, selon son courage ou sa force, et entra chez de Géry, déjà levé, debout en face de son bureau ouvert, où il classait des paperasses.

« Avant tout, mon ami, dit Jansoulet en refermant doucement la porte sur leur entretien, répondez-moi franchement à ceci. Est-ce bien pour les motifs exprimés dans votre lettre que vous êtes résolu à me quitter? N'y a-t-il pas là-dessous quelqu'une de ces infamies, comme je sais qu'il en circule contre moi dans Paris? Vous seriez, j'en suis sûr, assez loyal pour me prévenir et me mettre à même de me... de me disculper devant vous. »

Paul l'assura qu'il n'avait pas d'autres raisons pour partir, mais que celles-là suffisaient certes, puisqu'il s'agissait d'une affaire de conscience.

« Alors, mon enfant, écoutez-moi, et je suis sûr de vous retenir... Votre lettre, si éloquente d'honnêteté, de sincérité, ne m'a rien appris, rien dont je ne sois convaincu depuis trois mois. Oui, mon cher Paul, c'est vous qui aviez raison; Paris est plus compliqué que je ne pensais. Il m'a manqué en arrivant un cicerone honnête et désintéressé, qui me mît en garde contre les gens et les choses. Moi, je n'ai trouvé que des exploiteurs. Tout ce qu'il y a de coquins tarés par la ville a déposé la boue de ses bottes sur mes tapis... Je les regardais tout à l'heure, mes pauvres salons. Ils auraient besoin d'un fier coup de balai ; et je vous réponds qu'il sera donné, jour de Dieu ! et d'une rude poigne... Seulement, j'attends pour cela d'être député. Tous ces gredins me servent pour mon élection ; et cette élection m'est trop nécessaire pour que je m'expose à perdre la moindre chance... En deux mots, voici la situation. Non-seulement, le bey entend ne pas me rendre l'argent que je lui ai prêté, il y a un mois ; mais à mon assignation, il a répondu par une demande reconventionnelle de quatre-vingts millions, chiffre auquel il estime l'argent que j'ai soutiré à son frère... Cela, c'est un vol épouvantable, une audacieuse calomnie... Ma fortune est à moi, bien à moi... Je l'ai gagnée dans mes trafics de commissionnaire. J'avais la faveur d'Ahmed ; lui-même m'a fourni l'occasion de m'enrichir... Que j'aie serré la vis quelquefois un peu fort, bien possible. Mais il ne faut pas juger la chose avec des yeux d'Européen... Là-bas, c'est connu et reçu, ces gains énormes que font les Levantins ; c'est la rançon des sauvages que nous initions au bien-être occidental... Ce misérable Hemerlingue, qui suggère au bey toute cette persécution contre moi, en a bien fait d'autres... Mais à quoi bon discuter? Je suis dans la gueule du loup. En attendant que j'aille m'expliquer devant ses tribunaux, — je la connais, la justice d'Orient, — le bey a commencé par mettre l'embargo sur tous mes biens, navires, palais et ce qu'ils contiennent... L'affaire a été conduite très régulièrement, sur un décret du Conseil-Suprême. On sent la patte d'Hemerlingue fils là-dessous... Si je suis député, ce n'est qu'une plaisanterie. Le Conseil rapporte son décret, et l'on me rend mes trésors avec toutes sortes d'excuses. Si je ne suis pas nommé, je perds tout, soixante, quatre-vingts millions, même la possibilité de refaire ma fortune; c'est la ruine, le déshonneur, le gouffre... Voyons, mon fils, est-ce que vous allez m'abandonner dans une crise pareille?... Songez que je n'ai que vous au monde... Ma femme? vous l'avez vue, vous savez quel soutien, quel conseil, elle est pour son mari... Mes enfants? C'est comme si je n'en avais pas. Je ne les vois jamais, à peine s'ils me reconnaîtraient dans la rue... Mon horrible luxe a fait le vide des affections autour de moi, les a remplacées par des intérêts effrontés... Je n'ai pour m'aimer que ma mère, qui est loin, et vous, qui me venez de ma mère... Non, vous ne me laisserez pas seul parmi toutes les calomnies qui rampent autour de moi... C'est terrible, si vous saviez... Au cercle, au théâtre, partout où je vais, j'aperçois la petite tête de vipère de la baronne Hemerlingue, j'entends l'écho de ses sifflements, je sens le venin de sa rage. Partout, des regards railleurs, des conversations interrompues quand j'arrive, des sourires qui mentent ou des bienveillances dans lesquelles se glisse un peu de pitié. Et puis des défections, des gens qui s'écartent comme à l'approche d'un malheur. Ainsi, voilà Félicia Ruys, au moment d'achever mon buste, qui prétexte de je ne sais quel accident pour ne pas l'envoyer au Salon. Je n'ai rien dit, j'ai eu l'air de croire. Mais j'ai compris qu'il y avait de ce côté encore quelque infamie... Et c'est une grande déception pour moi. Dans des crises aussi graves que celles que je traverse, tout a son importance. Mon buste à l'Exposition, signé de ce nom célèbre, m'aurait servi beaucoup dans Paris... Mais non, tout craque, tout me manque... Vous voyez bien que vous ne pouvez pas me manquer...

FIN DU TOME PREMIER

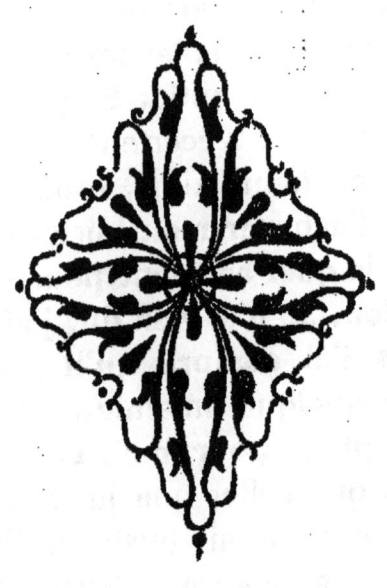

TABLE

		Pages.
I.	Les malades du docteur Jenkins	1
II.	Un déjeuner place Vendôme	34
III.	Mémoires d'un garçon de bureau. — Simple coup d'œil jeté sur la *Caisse Territoriale* .	62
IV.	Un début dans le monde.	78
V.	La famille Joyeuse	107
VI.	Félicia Ruys	135
VII.	Jansoulet chez lui.	165
VIII.	L'œuvre de Bethléem.	183

		Pages.
IX.	Bonne Maman	206
X.	Mémoires d'un garçon de bureau. — Les domestiques	235
XI.	Les fêtes du bey	255
XII.	Une élection corse	292

Paris. — Imp. A. LEMERRE, 25 rue des Grands-Augustins.

www.ingramcontent.com/pod-product-compliance
Lightning Source LLC
Chambersburg PA
CBHW060654170426
43199CB00012B/1783